OSTEUROPÄISCHE KÜCHE

OSTEUROPÄISCHE KÜCHE

Traditionelle Rezepte von der Ostsee bis zum Schwarzen Meer

EDITION XXL

Genehmigte Lizenzausgabe
EDITION XXL GmbH
Reichelsheim 2002

ISBN 3-89736-082-9

Übersetzung aus dem Englischen:
Katharina Lisson

Anmerkungen:
In den Rezepten werden mittelgroße Eier (M) verwendet, sofern nichts anderes angegeben ist. Wir verwenden schwarzen Pfeffer, wenn nicht direkt im Rezept anders angegeben.

Inhalt

unbekannt. Kaum jemand bietet eine Auswahl an Käse zum Abschluss eines Menüs an. Salat als leichte Beilage ist eher die Ausnahme. Natürlich gibt es Käse und Salate, sie werden aber anders serviert: Die kalte Küche ist populär, und am Beginn einer Mahlzeit wird eine kalte Platte mit allerlei Köstlichkeiten gereicht. Dazu gehört natürlich Kaviar; ein anderer Klassiker der kalten Platte in Russland und Polen ist gesalzener eingelegter Hering. Und nicht zu vergessen – eine fantastische Auswahl an Würsten. Allerlei milde oder scharfe Salamis mit Pfeffer, Paprika oder Knoblauch werden angeboten und mit oder ohne Brot gegessen.

Das Mittagessen ist noch immer die wichtigste Mahlzeit für viele Familien in Osteuropa. Zumindest am Wochenende versuchen sie die Tradition aufrechtzuerhalten. So setzen sie sich mittags zu einem Mahl zusammen, das oft aus Suppe, Hauptgericht und einem Dessert besteht. Weiter südlich, z. B. in Bulgarien, genießen die Familien Salat mit Jogurtdressing und Spieße mit Schweinefleisch und Gemüse. Dazu gibt es frisches Brot, und den Abschluss bildet ein Eis. Rezepte für besondere Gelegenheiten umfassen Eintöpfe mit Rindfleisch, Rinderbraten sowie Hühner- und Gänsebraten. Doch in der Alltagsküche spielt Schweinefleisch eine große Rolle, und besonders beliebt sind dünne Schnitzel, Gerichte mit Hackfleisch oder auch Spieße mit Schweinefleischwürfeln.

Zu Schwein isst man gerne Gurkensalat oder Gewürzgurken.

Brot

Brot gehört zu den besten Grundnahrungsmitteln in Osteuropa, und die Auswahl ist wirklich großartig. Besonders die vielen verschiedenen Sorten Roggenbrot passen bestens zu den deftigen Suppen und Eintöpfen. Hefebrote und -kuchen brauchen viel Zeit, umsichtige Behandlung und einen gleichmäßig heißen Holzofen zum Backen. Wenn Russen und Polen Kuchen für Festtage backen, planen sie viele Stunden für die Vorbereitung ein.

Da die Völker Osteuropas an religiöse Feste und Fastenzeiten ebenso gebunden waren wie an die Ernten und den Wechsel der Jahreszeiten, entwickelte sich eine klare Linie zwischen der Alltagsküche und der Festtagsküche. Gute Beispiele sind das dunkle Roggenbrot für den Alltag und die aufwändigen Kuchen und Torten für besondere Anlässe.

Getreide

Abgesehen vom Getreide zum Brotbacken gibt es noch zahlreiche Sorten für andere Zwecke. Hierzu gehören Hirse und Gerste, und man rechnet auch Buchweizen dazu, obwohl er eigentlich kein Getreide ist, sondern zur Familie der Rhabarbergewächse gehört. Er wird aber ähnlich wie Getreide verwendet.

In Rumänien sind riesige Landstriche von Maisfeldern bedeckt. Aus dem Mais wird „Mamaliga" – Maisgrieß –

Links: Russen beim Tee, der auf traditionelle Art mit einem Samovar zubereitet wurde.
Rechte Seite oben im Uhrzeigersinn von links: Buchweizenmehl, Griesmehl, Haferflocken, Gerste, Hirse, roher Buchweizen (Mitte).
Rechte Seite rechts: Hecht, Lachs, Karpfen und Hering.
Rechte Seite unten: ein Milchmann in Albanien.

gewonnen, den es in verschiedenen Mahlstufen gibt. Mamaliga wird ähnlich wie Polenta in Italien zum Kochen und Backen verwendet. Hirse und Buchweizen sind wichtige Bestandteile in Suppen und Nachspeisen, und sie bilden einen großen Teil der fleischlosen Kost während der Fastenzeit.

Fisch

Fisch war früher in den Meeren, Seen und Flüssen Osteuropas in so großer Zahl vorhanden, dass er zu einem Grundnahrungsmittel wurde, das glücklicherweise auch während der Fastenzeit erlaubt war. In den Flüssen wimmelte es von Schleie, Hecht und Zander. Die Meere sorgten für Stör, Kabeljau und Wels. Leider hat die Umweltverschmutzung in den Gewässern Osteuropas großen Schaden angerichtet; außerdem brachte der kommerzielle Fischfang in den Meeren so viel Fisch (oft bereits gefroren) in den Handel, dass die vor Ort gefangenen Flussfische an Bedeutung verloren. Dadurch wurden den Rezepte verändert und angeglichen. In diesem Buch haben wir versucht, die alten Traditionen aufleben zu lassen und deshalb überlieferte Rezepte für viele verschiedene Fische zusammengetragen.

Ein einziger Fisch hat seine Bedeutung über die Jahre nicht verloren: der bescheidene Hering. Noch immer wird er nach uralten Rezepten mit Apfel und Pfeffer in Öl mariniert oder in Essig mit Salz, Piment und Lorbeerblättern eingelegt.

Fleisch

Ein Klassiker in Russland ist Spanferkel, das zu besonderen Gelegenheiten gegessen wird. Rind wird für

Schmorgerichte und Eintöpfe verwendet. Polen ist berühmt für seine Wurst, die aus qualitativ hochwertigem Schweine- und Kalbfleisch gemacht wird und mit Knoblauch und Senfsamen gewürzt ist.
In der Tschechischen Republik und in Ungarn steht Schweinefleisch an erster Stelle. Ob als Schnitzel gebacken oder im Eintopf geschmort mit Sauerkraut - Schweinefleisch ist äußerst vielseitig. Auch in Form von ungeräuchertem oder geräuchertem Speck wird dieser zum Kochen verwendet, da es für einen kräftigen Fleischgeschmack in Gerichten sorgt, die ansonsten mit wenig oder ganz ohne Fleisch auskommen müssen.
Von der ungarischen Salami kann man wohl ohne Übertreibung behaupten, dass sie auf der ganzen Welt bekannt ist. In der ungarischen Puszta werden Rinder gezüchtet, deren Fleisch die Hauptzutat im Gulasch ist, das vor vielen Jahrhunderten von den „Cowboys" der Puszta erfunden wurde.
Je weiter man nach Süden kommt, umso mehr Rezepte mit gegrilltem Fleisch findet man. Bulgarien und die östlichen Mittelmeerländer haben köstliche Rezepte für allerlei Fleischspieße oder Fleischbällchen. In Rumänien wird traditionell mit Schweineschmalz gekocht, und noch heute halten viele Familien, die am Stadtrand leben, ein Schwein in ihrem Gärtchen. In Bulgarien steht Lammfleisch an erster Stelle, und es wird gegrillt oder in Eintöpfen geschmort.

Sauerkraut

Viele Gerichte aus Osteuropa haben eine eher säuerliche als pikante Geschmacksnote. Sauerkraut ist eines der besten und bekanntesten Beispiele dafür. Weißkohl wird eingelegt und fermentiert. Durch diesen Vorgang bekommt der Kohl seine unverwechselbare Konsistenz und den einzigartigen Geschmack. Sauerkraut ist in allen Gegenden Osteuropas verbreitet.

Kräuter und Gewürze

Dill gehört zu den typischen Kräutern in der russischen und polnischen Küche, und er eignet sich zum Kochen, für frische Salate und für eingelegtes Gemüse. Verwenden Sie immer frischen Dill, getrockneter hat nicht viel Aroma. Dillsamen würzen Eintöpfe und Gerichte mit Sauerkraut. Die vielseitige Petersilie gehört zu den Lieblingskräutern und kann eigentlich für alle pikanten und säuerlichen Gerichte verwendet werden. Knoblauch würzt Suppen und Eintöpfe, Senf und Meerrettich passen hervorragend zu Fisch und

Oben: Bigosch wurde ursprünglich in Polen für die Jagdveranstaltungen der Aristokraten gekocht, weil man es über offenem Feuer wiederaufwärmen konnte.
Links: Brot wird in einem Holzofen auf die traditionelle Art der Bauern gebacken.
Rechte Seite im Uhrzeigersinn von links: eingelegte Rote Bete, Sauerkraut, Essiggurken, Dillgurken, Kapern.

Fleisch. Paprikapulver in Farben von hellrot bis gelbbraun und in Schärfegraden von süß bis feurig scharf würzt ungarische Fleischgerichte. Es wurde von den Türken eingeführt und erst nach langer Zeit von der ungarischen Oberschicht akzeptiert. Kümmel und Majoran sind beliebte Würzzutaten in Fleischtöpfen.
Gebacken wird mit Honig, Mohn, Zimt, Nelken und Kardamom – die meisten Gewürze eignen sich sowohl für Kuchen als auch für Brote. Je weiter man nach Süden kommt, umso größer wird die Auswahl an frischen Kräutern: Basilikum, Minze, Estragon und Thymian geben vielen Gerichten der Balkanländer das besondere Aroma. Im „Tal der Rosen" in Rumänien werden seit dem 17. Jahrhundert Rosen gezüchtet, aus denen unter anderem Rosenwasser für Desserts gewonnen wird.

Alkohol

Verglichen mit der französischen und italienischen Küche wird in den Küchen Osteuropas relativ wenig Alkohol zum Kochen verwendet. Obwohl die Voraussetzungen für Weinanbau in den südlichen Ländern nahezu ideal sind, wurde früher kaum Wein angebaut, was vor allem an religiösen Vorschriften lag. Die muslimisch beeinflussten Länder in Südosteuropa kochten selbstverständlich nicht mit Alkohol. Hier hat man erst kürzlich angefangen, Wein anzubauen und auch zu exportieren.
Heute gibt es eine zunehmende Menge von guten Tischweinen aus Ungarn und Rumänien. Ihr internationaler Erfolg ermutigte auch die Menschen in Bulgarien, Serbien und Montenegro zum Weinanbau.

Getränke

Die Russen sind große Teetrinker. Der Tee wird in einem kleinen Topf über dem Samowar gekocht und dann mit heißem Wasser verdünnt. In Polen ist Kaffee beliebter, was sicher auch dem Einfluss aus Italien zu verdanken ist. Sowohl Russland als auch Polen beanspruchen für sich, Wodka erfunden zu haben. Hergestellt wird er in beiden Ländern seit mindestens dem 15. Jahrhundert.
Tschechisches Bier aus Pilsen gehört zu den besten Sorten auf der Welt. Der beste Wein kommt – wie schon erwähnt – aus Ungarn, und von hier stammt auch der Tokaier, ein feiner Dessertwein. Die Menschen im Süden lieben Kaffee, und hier wird er auf türkische Art zubereitet. Aus Serbien und Kroatien kennt man Sliwowitz, einen Branntwein aus Pflaumen, in Bulgarien gibt es Rosenlikör.

Zu Hause kochen

Der beste Ort zum Einkaufen in Osteuropa sind die Märkte in den kleineren Orten und Dörfern: Hier bekommen Sie Sauerkraut aus dem Holzfass und Paprikapulver im Tütchen aus Zeitungspapier. Lebende Hühner, Honig, Quark und Käse in Salzlake werden überall angeboten, dazu gibt es – je nach Region und Jahreszeit – Obst, Gemüse und Kräuter. Und der Bäckerladen mit seiner wunderbaren Auswahl ist nie weit vom Markt entfernt. In den großen Städten hat sich dieses Bild natürlich etwas gewandelt.
Früher konnte es passieren, dass ein Reisender eingeladen wurde, mit der Familie zu essen und die örtlichen Spezialitäten zu kosten. Da es kaum Restaurants mit Landesküche gab, war das natürlich ein besonderes Erlebnis.
Für die Leser zu Hause bietet dieses Buch eine großartige Sammlung von Rezepten, die deutlich den Stolz der einzelnen Regionen auf ihre traditionellen Gerichte zeigt. Die Rezepte sind nach der Menüfolge eingeteilt und umfassen sowohl schnelle, einfache Alltagsgerichte als auch raffinierte Rezepte für Festtage. Die Zutaten sind überall erhältlich, und wenn nicht, ist ein Ersatz angegeben. Die Rezepte sind so beschrieben, dass sie auch von ungeübten Köchinnen und Köchen nachvollzogen werden können.
Durch die frühere politische Abgrenzung zum Westen wurden die meisten Küchen Osteuropas über viele

Jahrzehnte kaum beeinflusst – auch Erkenntnisse zum Thema gesunde Ernährung berührten sie nicht. Hier haben wir ein bisschen eingegriffen: Viele Rezepte wurden entschlackt, um unseren Kenntnissen von einer ausgewogenen und „leichteren" Küche zu entsprechen, ohne dass die Rezepte deshalb geschmacklich verändert wurden.
Zahlreiche Rezepte bestehen aus preiswerten Zutaten, was auf den ländlichen Kochtraditionen beruht, die keine ausgefallenen Edelzutaten benötigen. Was aber notwendig ist, ist ein bisschen Zeit in der Küche. Und Sie werden feststellen, dass sie nicht verschwendet ist, wenn Sie diese köstlichen Gerichte ausprobieren und in den Genuss von ehrlicher, traditioneller Küche kommen.

Suppen und Vorspeisen

Suppen gehören zu den Lieblingsgerichten in Osteuropa und sind oft üppig und herzhaft. Viele Klassiker haben sich über die Jahrhunderte kaum verändert. Der berühmte Borschtsch ist in der Ukraine, ganz Russland und Polen populär. Ungarn ist bekannt für seine Obstsuppen, während Bulgarien kräftig-deftige Lammsuppe genießt.
Die berühmteste Vorspeise aus Russland ist natürlich Kaviar, der am besten mit einem Glas eiskaltem Wodka schmeckt. In den südlichen Ländern wird häufig Meze gereicht, das sind große Platten mit verschiedenen kalten und warmen Vorspeisen. Hier sieht man deutlich den griechischen und türkischen Einfluss.

Erbsensuppe mit Graupen

Diese dicke, wärmende Suppe aus Russland ist sehr gehaltvoll. Servieren Sie sie vor einer leichten Hauptspeise oder aber als eigene Mahlzeit mit warmem, knusprigem Brot.

Zutaten für 6 Personen

230 g gelbe Schälerbsen
25 g Perlgraupen
1 3/4 l Gemüsebrühe
50 g Räucherspeck, gewürfelt
2 EL Butter
1 Zwiebel, fein gehackt
2 Knoblauchzehen, zerdrückt
230 g Selleriewurzel, gewürfelt
1 EL frischer Majoran
Salz und frisch gemahlener Pfeffer
Brot zum Servieren

1 Erbsen und Graupen in ein Sieb geben und mit kaltem Wasser abspülen. Dann in einer Schüssel mit reichlich Wasser über Nacht weichen lassen.

2 Erbsen und Graupen in ein Sieb geben und mit kaltem Wasser abspülen. Mit der Brühe in einen großen Topf geben, aufkochen lassen. Bei schwacher Hitze 40 Minuten köcheln lassen.

3 Gewürfelten Räucherspeck in einer Pfanne ohne Fett 5 Minuten braun rösten. Mit einem Schaumlöffel herausnehmen, damit das Fett in der Pfanne bleibt. Beiseite stellen.

4 Butter in die Pfanne geben und Zwiebel und Knoblauch 5 Minuten sanft dünsten. Selleriewürfel dazugeben und nochmals 5 Minuten dünsten, bis die Zwiebel goldbraun ist.

5 Gemüse und Speckwürfel zur Brühe geben und alle Zutaten verrühren. Suppe mit Salz und Pfeffer abschmecken und 20 Minuten köcheln lassen, bis sie eindickt. Majoran unterrühren und nochmals mit Pfeffer abschmecken. Mit Brot servieren.

Borschtsch

Diese berühmte Suppe besteht hauptsächlich aus Roter Bete, die ihr auch ihre unverwechselbare Farbe gibt. Ein Klassiker aus Russland und Polen.

Zutaten für 4–6 Personen

900 g ungekochte Rote Bete, geschält
2 Möhren, geschält
2 Selleriestangen
3 EL Butter
2 Zwiebeln, in Ringe geschnitten
2 Knoblauchzehen, zerdrückt
4 Tomaten, geschält, entkernt und klein gehackt
1 Lorbeerblatt
1 großer Zweig Petersilie
2 Nelken
4 Pfefferkörner
1 1/2 l Rinder- oder Hühnerbrühe
150 ml Rote-Bete-Saft (siehe Tipp), ersatzweise Saft von eingelegter Roter Bete
Salz und frisch gemahlener Pfeffer
saure Sahne mit Schnittlauch zum Servieren

1 Rote Bete, Möhren und Sellerie in relativ dicke Stifte schneiden. Butter in einer großen Pfanne schmelzen und Zwiebeln darin bei schwacher Hitze 5 Minuten dünsten, gelegentlich rühren.

2 Rote Bete, Möhren und Sellerie dazugeben und alles 5 Minuten dünsten, dabei hin und wieder rühren.

3 Knoblauch und gehackteTomaten dazugeben und unter Rühren 2 Minuten mitköcheln.

4 Lorbeerblatt, Petersilie, Nelken und Pfeffer in ein Stück Musselin wickeln und dieses mit Küchengarn zubinden.

5 Gewürzpäckchen und Brühe in den Topf geben, aufkochen lassen, Hitze reduzieren und Gemüse 1 1/4 Stunden bei schwacher Hitze zugedeckt weich kochen. Gewürzpäckchen herausnehmen, Rote-Bete-Saft unterrühren und Suppe salzen und pfeffern. Suppe verteilen und mit saurer Sahne mit Schnittlauch servieren.

Tipp: So macht man Rote-Bete-Saft selbst: 1 Rote Bete schälen fein reiben. Mit 150 ml Brühe und 2 TL Zitronensaft aufkochen und zugedeckt 30 Minuten köcheln. Durchsieben.

Weißkohlsuppe

Diese Variante des russischen Nationalgerichtes enthält rohen Weißkohl anstelle von Sauerkraut.

Zutaten für 4–6 Personen

1 kleine weiße Rübe
2 Möhren
3 EL Butter
1 große Zwiebel, in Ringe geschnitten
2 Selleriestangen, klein geschnitten
1 Weißkohl (etwa 700 g)
1½ l Rinderbrühe
1 säuerlicher Apfel, geschält und klein geschnitten
2 Lorbeerblätter
1 TL frisch gehackter Dill
2 TL Saft von Gewürzgurken, ersatzweise Zitronensaft
Salz und frisch gemahlener Pfeffer
frische Kräuter zum Garnieren
saure Sahne und Brot zum Servieren

1 Weiße Rübe und Möhren in Stifte schneiden. Butter in einer großen Pfanne schmelzen und Rübe, Möhren, Zwiebel und Sellerie 10 Minuten braten.

2 Kohl klein schneiden und in den Topf geben. Brühe, Apfel, Lorbeerblätter und Dill dazugeben. Aufkochen lassen, bei schwacher Hitze zugedeckt 40 Minuten köcheln, bis das Gemüse weich ist.

3 Lorbeerblätter entfernen. Gurken- oder Zitronensaft unterrühren, Suppe mit reichlich Salz und Pfeffer abschmecken. Mit frischen Kräutern garnieren und mit saurer Sahne und dunklem Brot servieren.

Sauerampfer-Spinat-Suppe mit Fisch

Eine köstliche Sommersuppe aus Russland! Falls Sie keinen Sauerampfer bekommen, nehmen Sie die doppelte Menge Spinat und geben Sie etwas Zitronensaft zur Suppe für die leichte Säure.

Zutaten für 4 Personen

2 EL Butter
220 g Sauerampfer, geputzt, Stängel entfernt
220 g junger Spinat, Stängel entfernt
ein Stück frischer Meerrettich, gerieben
¾ l Cidre
1 Gewürzgurke, fein gehackt
2 EL Dill, frisch gehackt
220 g gekochter Fisch, z. B. Hecht oder Lachs, ohne Haut und Gräten
Salz und frisch gemahlener Pfeffer
1 Stängel Dill zum Garnieren

1 Butter in einem großen Topf zerlassen. Sauerampfer, Spinat und Meerrettich dazugeben. Bei schwacher Hitze zugedeckt 3-4 Minuten köcheln lassen.

2 Alles in der Küchenmaschine zu einem glatten Püree mixen. Püree in eine Suppenschüssel geben. Cidre, Gurke und Dill unterrühren.

3 Fisch in mundgerechte Stücke schneiden. In die Suppe geben, mit Salz und Pfeffer abschmecken. Suppe mindestens 3 Stunden kalt stellen. Mit dem Dillzweig garniert servieren.

Info: In Russland verwendet man statt Cidre Kvass, ein Bier aus Weizen, Roggen und Buchweizen.

Pilz-Soljanka

Die sauer-scharfen Aromen von Gewürzgurken, Kapern und Zitrone geben dieser Suppe aus Russland den Pfiff.

Zutaten für 4 Personen

2 Zwiebeln, gehackt
$1\frac{1}{2}$ l Gemüsebrühe
450 g Champignons, in Scheiben geschnitten
4 TL Tomatenmark
1 Gewürzgurke, gehackt
1 Lorbeerblatt
1 EL eingelegte Kapern, abgetropft
1 Prise Salz
6 Pfefferkörner, grob gemahlen
Zitronenschale, in ganz dünne Streifen geschnitten; grüne Oliven und glatte Petersilie zum Garnieren

1 Zwiebeln mit 50 ml Brühe in einen großen Topf geben. Unter Rühren so lange kochen, bis die Flüssigkeit verdampft ist.

2 Die übrige Brühe und die Champignons dazugeben. Brühe aufkochen und alles bei schwacher Hitze 30 Minuten sanft köcheln lassen.

3 In einer Schüssel Tomatenmark und 2 EL Brühe verrühren.

4 Tomatenmark, Gewürzgurke, Lorbeerblatt, Kapern, Salz und Pfeffer zur Brühe geben. 10 Minuten sanft köcheln lassen.

5 Suppe auf vorgewärmte Schüsseln verteilen. Mit dünnen Streifen Zitronenschale, Oliven und Petersilie garnieren und servieren.

Großvaters Nudelsuppe

Diese Suppe aus Russland ist leicht verdaulich und daher ideal für ältere Menschen.

Zutaten für 4 Personen

1 große Zwiebel, in dünne Ringe geschnitten
2 EL Butter
350 g mehlige Kartoffeln, geschält und in Würfel geschnitten
900 ml Rinderbrühe
1 Lorbeerblatt
Salz und frisch gemahlener Pfeffer
Brot zum Servieren

Für die Nudeln

75 g Mehl
1 Messerspitze Backpulver
1 EL Butter
1 Prise Salz
1 EL frisch gehackte Petersilie und Petersilie zum Garnieren
1 Ei, geschlagen

1 In einem großen Topf Butter schmelzen und Zwiebel 10 Minuten sanft dünsten, bis sie leicht braun wird.

2 Kartoffelwürfel dazugeben und 2-3 Minuten andünsten. Brühe dazugießen, Lorbeerblatt, Salz und Pfeffer dazugeben. Aufkochen lassen, dann Hitze reduzieren und zugedeckt bei schwacher Hitze 10 Minuten köcheln.

3 Inzwischen die Nudeln zubereiten: Dazu Mehl und Backpulver in eine Schüssel sieben, Salz zufügen und Butter in kleinen Stückchen dazugeben. Petersilie unterrühren, dann das Ei dazugeben. Alle Zutaten zu einem weichen Teig kneten.

4 Teig mit einem Teelöffel in die köchelnde Suppe geben. Die Größe der Nudeln sollte etwa 1/2 Teelöffel entsprechen. Suppe zugedeckt 10 Minuten bei schwacher Hitze köcheln lassen, dann in vorgewärmte Schüsseln geben, mit Petersilie bestreuen und mit Brot servieren.

Spinat-Rahmsuppe

Ungarische Suppen werden oft mit saurer Sahne oder Crème double angereichert. Manchmal wird auch noch ein Eigelb dazugegeben.

Zutaten für 4 Personen

500 g frischer junger Spinat, geputzt
1½ l Salzwasser
2 Zwiebeln, sehr fein gehackt
2 EL Butter
3 EL Mehl
250 ml Crème double
Salz und frisch gemahlener Pfeffer
2 hart gekochte Eier, in Scheiben geschnitten; 2 gegrillte Speckscheiben, klein geschnitten, zum Garnieren

1 Die harten Stängel vom Spinat abschneiden. Salzwasser in einem großen Topf aufkochen. Spinat hineingeben und 5-6 Minuten kochen. Spinat abgießen und die Kochflüssigkeit aufheben.

2 Spinat in der Küchenmaschine oder im Mixer zu einem Püree mixen.

3 Butter in einem großen Topf schmelzen und Zwiebeln darin goldbraun braten. Topf von der Herdplatte nehmen und Mehl über die Zwiebeln streuen. Topf auf den Herd stellen, Mehl 1-2 Minuten andünsten.

4 Kochflüssigkeit dazugießen, alle Zutaten verrühren und die Suppe wieder aufkochen lassen.

5 Die Suppe so lange offen köcheln lassen, bis sie eindickt. Spinat und Crème double dazugeben. Suppe erhitzen und mit Salz und Pfeffer abschmecken. Suppe auf Teller verteilen, mit Eischeiben, Speck und etwas Pfeffer garniert servieren.

Gemüsesuppe mit Lammfleischbällchen

Dieses Familienrezept aus Bulgarien ist ideal für Gemüsereste.

Zutaten für 4 Personen

1 l Lammbrühe
1 Zwiebel, fein gehackt
2 Möhren, in Scheiben geschnitten
1/2 Selleriewurzel, klein gewürfelt
75 g tiefgefrorene Erbsen
50 g grüne Bohnen, in etwa 2,5 cm große Stücke geschnitten
3 Tomaten, entkernt und klein geschnitten
1 rote Paprikaschote, entkernt und klein geschnitten
2 Zitronen, in Scheiben geschnitten
Salz und frisch gemahlener Pfeffer
Brot zum Servieren

Für die Fleischbällchen

230 g Hackfleisch vom Lamm
40 g Rundkornreis
2 EL Petersilie, frisch gehackt
etwas Mehl

1 Brühe, Gemüse, Zitronenscheiben, Salz und Pfeffer in einen großen Topf geben. Aufkochen lassen, dann bei schwacher Hitze zugedeckt 15-20 Minuten köcheln lassen.

2 Inzwischen Reis kochen. Für die Fleischbällchen Hackfleisch, Reis und Petersilie in einer Schüssel gut vermischen, salzen und pfeffern.

3 Die Mischung zu etwa walnussgroßen Bällchen rollen und diese kurz im Mehl wälzen.

4 Fleischbällchen in die Suppe geben und bei schwacher Hitze 25-30 Minuten garen. Gelegentlich rühren, damit die Bällchen nicht zusammenkleben. Suppe mit Salz und Pfeffer abschmecken, in vorgewärmte Schüsseln gießen und mit Brot servieren.

Blumenkohlsuppe mit Klößchen

Eine typisch tschechische Suppe: üppig und cremig püriert.

Zutaten für 6–8 Personen

1 großer Blumenkohl, in Röschen zerteilt
1½ l Hühnerbrühe
3 EL Butter
40 g Mehl
1 Prise Muskatnuss
2 Eigelb
300 ml Schlagsahne
glatte Petersilie zum Garnieren
Brot zum Servieren

Für die Klößchen

75 g Semmelbrösel
1 TL weiche Butter
1 Ei, geschlagen
2 EL Petersilie, frisch gehackt
etwas Milch zum Binden
Salz und frisch gemahlener Pfeffer

1 Blumenkohlröschen in der Hühnerbrühe 12 Minuten kochen, bis sie gerade weich sind. Herausnehmen und die Brühe aufheben. Einige Röschen beiseite legen.

2 Für die Suppe Butter in einem Topf schmelzen. Mehl dazugeben und 1-2 Minuten unter Rühren kochen, dann etwa 150 ml Hühnerbrühe dazugießen. Alles gut verrühren, Topf von der Herdplatte nehmen.

3 Gekochten Blumenkohl in der Küchenmaschine zu einer glatten Creme pürieren. Muskatnuss und Eigelb gut untermischen, dann die Mischung in den Topf zur Suppe geben.

4 So viel Kochflüssigkeit dazugeben, dass man etwa 1½ l Suppe erhält. Suppe wieder erwärmen.

5 Alle Zutaten für die Klößchen gut vermischen und zu kleinen festen Bällchen formen.

6 Die Klößchen 3-5 Minuten bei schwacher Hitze in der Suppe pochieren. Schlagsahne unterrühren. Suppe mit Petersilie und den Blumenkohlröschen garnieren.

Fischsuppe mit Klößchen

Diese Suppe aus der Tschechischen Republik geht ganz schnell. Verwenden Sie verschiedene Sorten Fisch, z. B. Flussbarsch, Wels, Kabeljau oder auch Karpfen.

Zutaten für 4–6 Personen

3 dicke Scheiben Räucherspeck, klein geschnitten
etwa 700 g frischer Fisch ohne Haut und Gräten, in kleine Stücke geschnitten
1 TL Paprikapulver und Paprikapulver zum Garnieren
1½ l Fischbrühe
3 feste Tomaten, geschält und klein geschnitten
4 mehlige Kartoffeln, geschält und gerieben
1-2 TL frisch gehackter Majoran und Majoran zum Garnieren

Für die Klößchen

75 g Grieß oder Mehl
1 Ei, geschlagen
3 EL Milch oder Wasser
1 Prise Salz
1 EL frisch gehackte Petersilie

1 Räucherspeck in einem großen Topf ohne Fett goldbraun rösten. Fisch dazugeben, 1-2 Minuten anbraten, dabei Fischstücke vorsichtig bewegen, damit sie nicht zerfallen.

2 Paprikapulver darüber streuen, Fischbrühe dazugießen, aufkochen lassen und 10 Minuten sanft köcheln.

3 Tomaten, geriebene Kartoffeln und gehackten Majoran in den Topf geben und 10 Minuten köcheln lassen. Gelegentlich umrühren.

4 Inzwischen für die Klößchen alle Zutaten vermischen. Mischung 5-10 Minuten zugedeckt ruhen lassen.

5 Klößchenteig teelöffelweise in die Suppe geben und 10 Minuten darin ziehen lassen. Suppe mit etwas Majoran und Paprika garnieren und heiß servieren.

Ungarische Sauerkirschsuppe

Diese fruchtige Sommersuppe ist typisch für die ungarische Küche. Dabei werden die mancherorts wirklich im Überfluss vorhandenen Sauerkirschen verwendet. Obstsuppen werden mit etwas Mehl eingedickt. Die Prise Salz bringt das Aroma dieser kalten Suppe besonders heraus.

Zutaten für 4 Personen

1 EL Mehl
120 ml saure Sahne
1 Prise Salz
1 TL Streuzucker (extra fein)
220 g frische Sauerkirschen, entsteint
900 ml Wasser
50 g Zucker

Tipp: Versuchen Sie frische Sauerkirschen für die Suppe zu bekommen, damit schmeckt sie wirklich am besten.

1 Mehl mit der sauren Sahne mischen. Salz und Streuzucker unterrühren.

2 Sauerkirschen in einem großen Topf mit Wasser und Zucker 10 Minuten sanft pochieren.

3 Topf von der Herdplatte nehmen. 2 EL Kochflüssigkeit für die Garnierung abnehmen und beiseite stellen. 2 EL Kochflüssigkeit in die Mehl-Sahnemischung rühren. Diese zu den Kirschen in den Topf geben.

4 Topf wieder auf den Herd stellen. Suppe aufkochen, 5-6 Minuten bei schwacher Hitze köcheln lassen.

5 Suppe zugedeckt abkühlen lassen. Eventuell noch Salz dazugeben. Vor dem Servieren etwas Kochflüssigkeit als Garnierung einrühren.

Tschechische Schweinefleischsuppe

Ursprünglich kochte man diese Suppe mit einem halben Schweinekopf. Heute nimmt man Schweineschulter, die sich leichter zubereiten lässt, aber der Suppe genauso viel Geschmack gibt.

Zutaten für 4–6 Personen

350 g magere Schweineschulter oder -lende, in 1 cm große Würfel geschnitten
1 große Zwiebel, fein gehackt
1 Möhre, geschält und fein gewürfelt
3 Knoblauchzehen, zerdrückt
1½ l Wasser oder Fleischbrühe
2 TL Majoran, frisch gehackt
4-6 EL frisch gekochte Perlgraupen oder Langkornreis
Salz und frisch gemahlener Pfeffer

1 Fleischwürfel, Zwiebel, Möhre und Knoblauch in einen großen Topf geben. Wasser oder Brühe dazugießen.

2 Alles 1-1½ Stunden zugedeckt köcheln lassen, bis das Fleisch zart ist.

3 Falls nötig, Schaum von der Suppe abschöpfen. Majoran dazugeben, salzen und pfeffern. 5-10 Minuten köcheln lassen.

4 Perlgraupen oder Reis auf Teller verteilen und die Suppe darüber gießen.

Tipp: Für eine sättigende Suppe nehmen Sie mehr Perlgraupen oder Reis.

Apfelsuppe

In Rumänien gibt es riesige Obstplantagen. In dieser Suppe werden Äpfel raffiniert mit Gemüse kombiniert.

Zutaten für 6 Personen

1 Kohlrabi
3 Möhren
2 Selleriestangen
1 grüne Paprikaschote, entkernt
2 Tomaten
3 EL Butter
2 l Hühnerbrühe
6 große grüne Äpfel
3 EL Mehl
150 ml Crème double
1 EL Zucker
3 EL Zitronensaft
Salz und frisch gemahlener Pfeffer
Zitronenschnitze und Brot zum Servieren

1 Kohlrabi, Möhren, Sellerie, Paprikaschote und Tomaten fein würfeln. In einem großen Topf in der Butter 5–6 Minuten anbraten, bis das Gemüse gerade weich ist.

2 Hühnerbrühe dazugießen, aufkochen lassen, dann bei schwacher Hitze 45 Minuten köcheln lassen.

3 Äpfel schälen, vom Kerngehäuse befreien, würfeln und in den Topf geben. 15 Minuten mitköcheln.

4 In einer Schüssel Mehl und Crème double vermischen, langsam zur Suppe gießen, dabei ständig rühren. Suppe aufkochen lassen. Zucker und Zitronensaft dazugeben, mit Salz und Pfeffer abschmecken. Mit Zitronenschnitzen und Brot servieren.

Kichererbsensuppe

Kichererbsen gehören zu den Grundnahrungsmitteln auf der Balkanhalbinsel. Sie werden im Ganzen oder als Mehl verwendet. Wer will, kann diese Suppe mit scharfen Würstchen deftiger machen (siehe Foto).

Zutaten für 4–6 Personen

500 g Kichererbsen
2 l Hühner- oder Gemüsebrühe
3 große mehlige Kartoffeln, geschält und in mundgerechte Stücke geschnitten
50 ml Olivenöl
230 g junger Spinat, gewaschen und gut abgetropft
Salz und frisch gemahlener Pfeffer

1 Kichererbsen über Nacht in kaltem Wasser einweichen.

Abgießen und gut abtropfen lassen. Mit der Brühe in einen großen Topf geben.

2 Brühe aufkochen lassen, dann bei schwacher Hitze 1 Stunde sanft köcheln. Kartoffeln, Olivenöl, Salz und Pfeffer dazugeben und alles nochmals 20 Minuten kochen lassen.

3 Fünf Minuten vor Ende der Kochzeit den Spinat in die Suppe rühren. (Jetzt auch klein geschnittene Würstchen dazugeben, wer das möchte.) Suppe auf vorgewärmte Schüsseln verteilen und servieren.

Eier mit Kaviar

Kaviar sind die Eier des großen Stör, der in großen Zahlen im Kaspischen Meer zu Hause ist. Kaviar pur ist eine absolute Delikatesse, die man sich zu besonderen Gelegenheiten leisten sollte. Der Kaviar wird in einer Schüssel serviert, die auf einem Gefäß mit Eiswürfeln steht. Dazu gibt es eiskalten Wodka. Etwas sparsamer wird der Kaviar in diesem Rezept aus der Ukraine verwendet.

Zutaten für 4 Personen

4 hart gekochte Eier, längs halbiert
4 Frühlingszwiebeln, sehr fein gehackt
2 EL Majonäse
1/4 TL Dijonsenf
2 EL Kaviar
Salz und frisch gemahlener Pfeffer
Dill zum Garnieren
Brunnenkresse zum Servieren

1 Die Eigelbe aus den Eihälften löffeln und in eine Schüssel geben. Mit Frühlingszwiebeln, Majonäse und Senf gut vermischen und glatt rühren. Mit Salz und Pfeffer abschmecken.

2 Eigelbmischung in die Eiweißhälften füllen. Eier auf einer Servierplatte anrichten. Etwas Kaviar auf jede Eihälfte geben und die Platte mit Brunnenkresse auslegen.

Info: *Beluga-Kaviar* ist der feinste, teuerste und größte Kaviar mit etwa 3,5 mm Durchmesser pro Korn. *Ossietra-Kaviar* (russisch ossiotr) ist der Favorit der Kaviar-Experten. *Sevruga-Kaviar* stammt vom kleinsten Mitglied der Störfamilie, dem Sevruga. Der so genannte *Lachskaviar* stammt vom Lachs und ist orangefarben.

Auberginen„kaviar"

Das Wort Kaviar bezeichnet auch Brotaufstriche und Dips aus gekochtem Gemüse. Für dieses Rezept wird meistens Aubergine verwendet. Doch fast jede Familie in der Ukraine hat ihr eigenes Lieblingsrezept.

Zutaten für 4–6 Personen

1 1/2 kg Auberginen
1 Zwiebel, sehr fein gehackt
1 Knoblauchzehe, zerdrückt
5 EL Olivenöl
450 g Tomaten, geschält und klein geschnitten
1 TL Zitronensaft
150 ml Naturjogurt
1 TL Salz
frisch gemahlener Pfeffer
Frühlingszwiebeln, in Ringe geschnitten
getoastetes Brot zum Servieren

1 Backofen auf 180° / Umluft 160° / Gas Stufe 3 vorheizen. Die Auberginen auf den eingeölten Rost des Backbleches legen. 25–30 Minuten backen, bis sie weich sind. Abkühlen lassen.

2 Inzwischen Zwiebel und Knoblauch in 1 EL Öl 10 Minuten dünsten.

3 Mit einem Löffel Fruchtfleisch aus den Auberginen holen und im Mixer glatt pürieren. Bei laufendem Mixer das übrige Öl dazugießen.

4 Alles in eine Schüssel geben. Zwiebeln, Tomaten, Zitronensaft und Jogurt unterrühren. Salzen und pfeffern. Mit Folie zugedeckt 4 Stunden kalt stellen. Mit Frühlingszwiebeln garnieren. Toast dazu reichen.

Heringscreme

Der Hering ist in der Ostsee an der polnischen Küste sehr verbreitet. Zu dieser typisch polnischen Vorspeise trinkt man kleine Gläschen mit eiskaltem Wodka.

Zutaten für 4 Personen

2 frische Heringe, filetiert
4 EL weiche Butter
1 TL Sahnemeerrettich
frisch gemahlener Pfeffer

Zum Servieren

4 Scheiben Roggenbrot
1 kleine Zwiebel, in Ringe geschnitten
1 roter Apfel, ohne Kernhaus, in Schnitze geschnitten
Zitronensaft
3 EL saure Sahne
Dill

1 Heringe klein schneiden und mit Butter, Meerrettich und Pfeffer in die Küchenmaschine oder den Mixer geben. Alles zu einer glatten Creme mixen.

2 Heringscreme in eine Schüssel geben und mit Klarsichtfolie zugedeckt mindestens 1 Stunde kalt stellen.

3 Die Creme mit Roggenbrot servieren. Dazu gibt es Zwiebelringe und in Zitronensaft getauchte Apfelschnitze. Obenauf kommen saure Sahne und Dill.

Kartoffelplätzchen mit Kümmel

Diese pikanten Plätzchen aus Polen schmecken warm oder kalt, zur Suppe oder mit Dips. Auch ein beliebter Snack im Café.

Zutaten für 30 Stück

120 g weiche Butter
120 g Kartoffelbrei
150 g gesiebtes Mehl und Mehl zum Bestäuben
½ TL Salz
1 Ei, geschlagen
2 EL Kümmelsamen

1 Backofen auf 220° / Umluft 200° / Gas Stufe 4 vorheizen. Butter und Kartoffelbrei in eine große Schüssel geben. Mehl und Salz dazusieben. Alles zu einem weichen Teig verrühren.

2 Teig auf einer leicht bemehlten Arbeitsfläche nochmals kurz kneten. In Klarsichtfolie einpacken und 30 Minuten kalt stellen.

3 Kartoffelteig auf einer leicht bemehlten Arbeitsfläche etwa 8 mm dünn ausrollen. Mit Ei bepinseln. In 2 x 7 cm große Streifen schneiden. Auf ein eingefettetes Backblech legen und mit Kümmelsamen bestreuen.

4 Kartoffelplätzchen 12 Minuten backen, bis sie goldbraun sind. Auf einem Rost auskühlen. In einem luftdichten Behälter aufbewahren.

Piroggen

Für russische „Piroschki" hat jede Familie ein Lieblingsrezept, das über die Generationen weitergegeben wird. Hier ein Rezept mit Hefeteig.

Zutaten für 35 Stück

230 g Mehl und Mehl für die Arbeitsfläche
1/2 TL Salz
1/2 TL Streuzucker (extra fein)
1 TL Trockenhefe
2 EL weiche Butter
1 Ei, geschlagen, und 1 Ei zum Einpinseln
6 EL warme Milch

Für die Füllung

1 kleine Zwiebel, fein gehackt
175 g Hühnerfleisch, ganz fein gehackt
1 EL Sonnenblumenöl
5 EL Hühnerbrühe
2 EL frisch gehackte Petersilie
1 Prise Muskatnuss
Salz und frisch gemahlener Pfeffer

1 Mehl, Salz und Zucker in eine Schüssel sieben. Trockenhefe unterrühren, dann eine Mulde formen.

2 Butter, Ei und Milch in die Mulde geben und zu einem weichen Teig rühren. Teig auf eine bemehlte Fläche geben und glatt kneten.

3 Teig in einer Schüssel zugedeckt an einem warmen Ort 1 Stunde gehen lassen, bis sich das Teigvolumen verdoppelt hat.

4 Inzwischen Zwiebeln und Huhn im Öl 10 Minuten braten. Brühe dazugeben und alles 10 Minuten köcheln lassen. Petersilie, Muskatnuss, Salz und Pfeffer unterrühren. Abkühlen lassen.

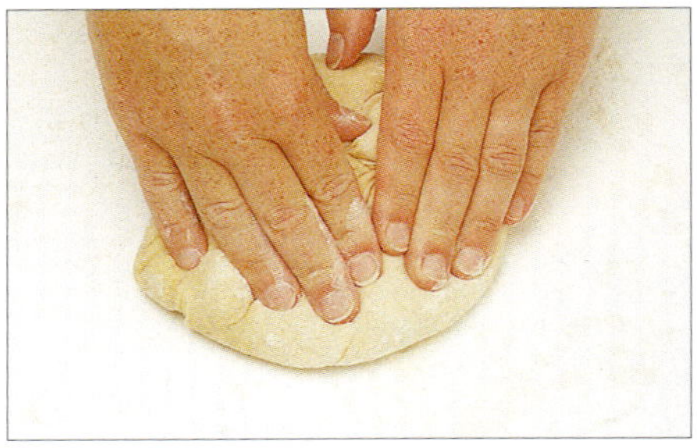

5 Backofen auf 200° / Umluft 180° / Gas Stufe 3 vorheizen. Teig 3 mm dünn ausrollen. Kreise von etwa 7 cm Durchmesser ausstechen.

6 Die Ränder mit Ei einpinseln. Füllung in die Mitte geben, dann die Ränder zusammendrücken, so dass Halbmonde entstehen. Piroggen auf eingeöltes Backpapier legen, zudecken und 15 Minuten gehen lassen. Mit Ei bepinseln. 15 Minuten backen, bis sie goldbraun sind.

Buchweizenblinis

Blinis werden in Russland traditionell in der fleischlosen Woche vor der Fastenzeit gegessen. Sie schmecken pikant und süß belegt; klassisch sind Blinis mit Kaviar und saurer Sahne.

Zutaten für 4 Personen

75 g Mehl
50 g Buchweizenmehl
½ TL Salz
1 TL Trockenhefe
175 ml warme Milch
2 EL geschmolze Butter
1 Ei, getrennt
3 EL Öl

Zum Belegen

150 g saure Sahne
2 EL frisch gehackter Dill
4 EL roter oder schwarzer Kaviarersatz (z. B. vom Seehasen)
120 g geräucherte Makrele ohne Haut und Gräten, zerkleinert
50 g weiche Butter
fein geriebene Schale von ½ Zitrone
dünne Streifen Zitronenschale zum Garnieren
Zitronenschnitze zum Servieren

1 Beide Mehle und das Salz in eine große Schüssel sieben. Die Trockenhefe gut untermischen, dann eine Mulde in das Mehl drücken.

2 Milch nach und nach dazugießen und kräftig mit dem Mehl zu einem glatten Teig schlagen. Teig zugedeckt 1 Stunde gehen lassen, bis er sich verdoppelt hat.

3 Geschmolzene Butter und Eigelb unterrühren. Eiweiß steif schlagen und unter den Teig heben. Zugedeckt nochmals 20 Minuten ruhen lassen.

4 1 EL Öl in einer großen schweren Bratpfanne bei mittlerer Hitze erhitzen. Für vier Blinis vier Portionen Teig in das Öl setzen. 1-2 Minuten braten, bis die Blinis Blasen werfen.

5 Blinis wenden und nochmals 1 Minute braten, bis sie auf beiden Seiten goldbraun sind. Blinis aus der Pfanne heben und in einem sauberen Geschirrtuch feucht halten.

6 Nacheinander alle Blinis backen, gelegentlich etwas Öl in die Pfanne geben. Es sollten etwa 24 Blinis werden. Abkühlen lassen.

7 Blinis auf eine Servierplatte legen, eine Hälfte mit der sauren Sahne und dem gehackten Dill belegen. Obenauf mit einem Löffel etwas Kaviar geben.

8 Räuchermakrele, Butter und Zitronenschale in einer anderen Schüssel vermischen. Die übrigen Blinis mit dieser Mischung belegen und mit der Zitronenschale garnieren. Blinis mit Zitronenschnitzen servieren.

Salat Olivier

In den achtziger Jahren des 18. Jahrhunderts eröffnete der französische Koch Olivier ein Restaurant in Moskau, das er „Die Hermitage" nannte. Es wurde schnell zu einem der populärsten Speiselokale in der Stadt, und es war bekannt für seine innovative Küche. Später veröffentliche Olivier ein Buch mit Rezepten aus der russischen Alltagsküche und gab diesem Salat seinen Namen.

Zutaten für 6 Personen

2 junge Rebhühner
6 Wacholderbeeren, zerdrückt
3 EL weiche Butter
2 kleine Zwiebeln, je mit 3 Nelken gespickt
2 Scheiben Räucherspeck, quer halbiert
10 junge Kartoffeln (mit Schale)
2 kleine Chicoréesalate, in Blätter geteilt
1 Gurke
2 hart gekochte Eier, längs geviertelt

Für das Dressing

1 Eigelb
1 TL Dijonsenf
175 ml Olivenöl
4 EL Weißweinessig
Salz und frisch gemahlener Pfeffer

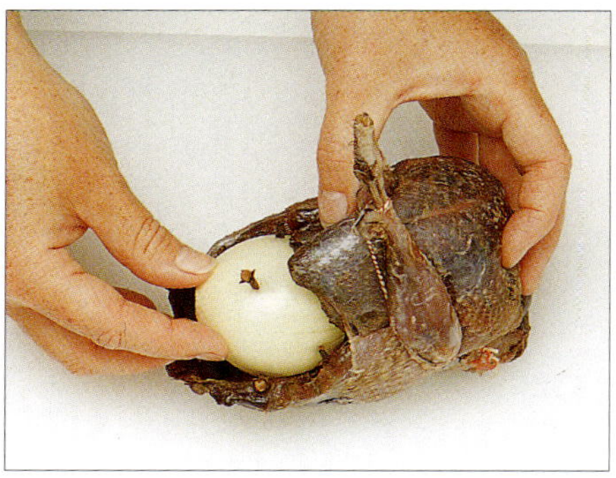

1 Backofen auf 200° / Umluft 180° / Gas Stufe 3 vorheizen. Rebhühner in eine kleine Bratform legen. Wacholderbeeren mit der Butter verrühren. Die Hälfte der Wacholderbutter und je eine gespickte Zwiebel in den Bauch der Vögel geben.

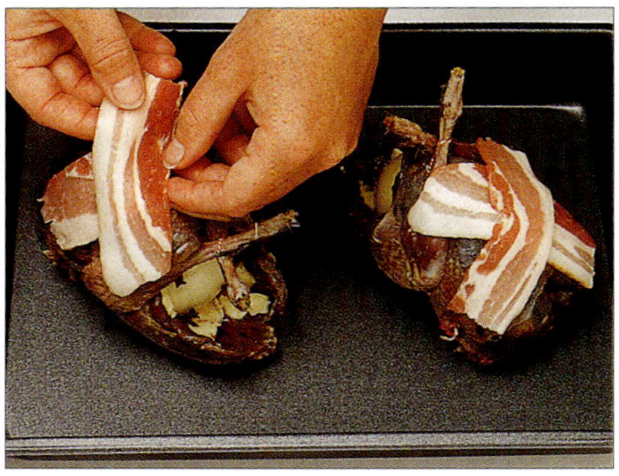

2 Über jede Brust 2 Speckstreifen legen. Alles 30 Minuten im Ofen backen, bis der Fleischsaft nur noch leicht rosa ist, wenn man das Fleisch einsticht.

3 Abkühlen lassen, dann das Geflügel in etwa 3 cm große Stücke schneiden.

4 Inzwischen Kartoffeln in kochendem Salzwasser in 20 Minuten weich kochen. Abkühlen lassen, schälen und in etwa 1 cm große Würfel schneiden.

5 Einige Gurkenscheiben für die Garnierung beiseite stellen. Die übrige Gurke längs halbieren, Kerne mit einem Löffel herausholen. Gurke würfeln.

6 Für das Dressing Eigelb, Senf und etwas Salz und Pfeffer in einer Schüssel gut verschlagen. Olivenöl in einem dünnen Strahl einfließen lassen, dabei immer rühren, bis das Dressing eindickt. Anschließend Essig gut unterrühren.

7 Die Geflügelstücke, Kartoffelwürfel und Gurkenwürfel mit der Hälfte des Dressings vermischen. Eine kleine Schüssel mit den Chicoréeblättern auslegen, und die Geflügelmischung darauf anrichten.

8 Mit den Gurkenscheiben und den Eivierteln garnieren und mit dem übrigen Dressing servieren.

Tipp: Statt des Wildgeflügels können Sie auch Roastbeef verwenden.

Pilze mit Spinatfüllung

Für dieses Rezept aus der Tschechischen Republik brauchen Sie große, flache Pilze.

Zutaten für 6 Personen

12 sehr große, flache Pilze
450 g junger Spinat, gut gewaschen
3 Scheiben Räucherspeck, in 5 mm kleine Würfel geschnitten
1 Zwiebel, fein gehackt
2 Eigelbe, geschlagen
40 g Semmelbrösel
1 TL frisch gehackter Majoran
3 EL Olivenöl oder anderes Pflanzenöl
120 g Schafskäse, zerkrümelt
Salz und frisch gemahlener Pfeffer

1 Die Pilze mit Küchenpapier trockentupfen. Die Stiele abschneiden und fein hacken.

2 Spinat in kochendem Salzwasser 1–2 Minuten blanchieren, dann kurz mit kaltem Wasser abspülen. Spinat mit Küchenpapier gut ausdrücken und fein hacken.

3 Räucherspeck und Zwiebel ohne Fett in einer Pfanne rösten, bis die Zwiebel goldbraun und der Speck knusprig ist. Pilzstiele dazugeben. Pfanne von der Herdplatte nehmen und Spinat, Eigelbe, Semmelbrösel und Majoran unterrühren. Mit Salz und Pfeffer abschmecken.

4 Pilze auf ein Backblech legen und mit etwas Öl einpinseln.

5 Die Spinatfüllung mit Teelöffeln in die Pilzhüte geben. Zerkrümelten Schafskäse darüber streuen. Unter dem vorgeheizten Grill Pilze 10 Minuten grillen, bis der Käse leicht braun wird.

Kartoffelplätzchen

Ein typischer Snack, den man in der Tschechischen Republik an jeder Straßenecke und in jedem Café bekommt. Die Kartoffelplätzchen schmecken mit saurer Sahne und Tomatensalat.

Zutaten für 6–8 Personen

6 große, mehlige Kartoffeln
2 Eier, geschlagen
1-2 Knoblauchzehen, zerdrückt
120 g Mehl
1 TL frisch gehackter Majoran
4 EL Butter
4 EL Öl
Salz und frisch gemahlener Pfeffer
saure Sahne, frisch gehackte Petersilie und Tomatensalat zum Servieren

1 Kartoffeln schäen, auf der Gemüsereibe reiben und mit einem Geschirrtuch trocknen.

2 Kartoffeln, Eier, Knoblauch, Mehl, Majoran, Salz und Pfeffer in einer Schüssel gut vermischen.

3 2 EL Butter und 2 EL Öl in einer großen Bratpfanne erhitzen. Die Kartoffelmischung löffelweise hineingeben, zu runden Plätzchen formen und diese mit einem feuchten Löffel flach drücken.

4 Kartoffelplätzchen auf beiden Seiten knusprig braun braten.

Auf Küchenpapier entfetten und im Ofen warm halten, bis alle Kartoffelplätzchen fertig sind. Bei Bedarf wieder Öl und Butter in die Pfanne geben.

5 Kartoffelplätzchen auf Teller verteilen und mit saurer Sahne, Petersilie und Tomatensalat servieren.

Leberpastete mit Kräutern

Eine Brotzeit aus der Tschechischen Republik, zu der ein kaltes Pils passt.

Zutaten für 10 Personen

675 g Hackfleisch vom Schwein
350 g Schweineleber
350 g gekochter Schinken, fein geschnitten
1 Zwiebel, fein gehackt
2 EL frisch gehackte Petersilie
1 TL mittelscharfer Senf
2 EL Kirschwasser
1 TL Salz
1 Ei, geschlagen, zum Verkleben und Einstreichen
1 Tütchen gemahlene Gelatine
250 ml kochendes Wasser
Brot, eingelegtes Gemüse zum Servieren

Für den Teig

450 g Mehl und Mehl für die Arbeitsfläche
1 Prise Salz
275 g Butter
2 Eier, 1 Eigelb, 2 EL Wasser

1 Ofen auf 200° / Umluft 180° / Gas Stufe 3 vorheizen. Mehl und Salz in eine Schüssel sieben, Butter dazukrümeln. Eier, Eigelb und Wasser verschlagen und alles verrühren.

2 Teig kurz glatt kneten. 2/3 des Teiges auf einer bemehlten Fläche ausrollen. Eine 25 cm lange, 10 cm breite Kastenform damit auslegen.

3 Die Hälfte des Hackfleisches mit der Leber im Mixer pürieren. Übriges Hackfleisch, Schinken, Zwiebel, Petersilie, Senf, Kirschwasser, Salz und Pfeffer unterrühren.

4 Die Füllung in die Form geben. Die Oberfläche mit einem Löffel glatt streichen.

5 Den übrigen Teig auf der bemehlten Arbeitsfläche ausrollen, damit die Pastete bedecken. Ränder mit Ei einpinseln. Mit Ei glasieren. Mit einem Spieß Löcher in den Deckel stechen, damit Dampf entweichen kann.

6 Pastete 40 Minuten backen, dann den Ofen auf 180° / Umluft 160° / Gas Stufe 2 herunterschalten. Pastete 1 Stunde backen. Wenn sie zu dunkel wird, mit Alufolie abdecken. Pastete in der Form abkühlen lassen.

7 Die Gelatine mit dem kochenden Wasser nach Packungsanleitung anrühren. Abkühlen lassen.

8 Am oberen Rand der Pastete ein Loch bohren. Gelatine durch einen Papiertrichter zur Pastete gießen. Form drehen, damit sich die Gelatine verteilt. Pastete 2 Stunden kalt stellen. In Scheiben schneiden, mit Senf, Essiggemüse und Brot servieren.

Bohnensalat mit Ei

In diesem Salat finden wir typische Zutaten aus den Ländern Osteuropas: saure Sahne, Gewürzgurken, Zitronensaft und Paprikapulver. Der Salat wird meist als Vorspeise mit kaltem Fleisch oder Geflügel gereicht.

Zutaten für 6 Personen

250 g grüne Bohnen, geputzt
2 Möhren, gewürfelt
120 g frische Erbsen (ersatzweise gefrorene)
6 Eigelbe
1 EL mittelscharfer Senf
2 EL Zucker
3 EL Zitronensaft
400 ml saure Sahne
1 kleiner Kochapfel, gewürfelt
2-3 Selleriestangen, klein geschnitten
1 Gewürzgurke, gewürfelt
3 hart gekochte Eier
1 TL frisch gehackte Petersilie
2 EL Semmelbrösel
1 TL Paprika
Salz und frisch gemahlener Pfeffer

1 Grüne Bohnen, Möhren und Erbsen in reichlich Salzwasser 5-8 Minuten kochen. In kaltes Wasser tauchen und gut abtropfen lassen.

2 In einer hitzefesten Schüssel Eigelbe, Senf, Zucker, Zitronensaft, saure Sahne, Salz und Pfeffer gut vermischen. Diese Schüssel auf einen Topf mit siedendem Wasser stellen und ununterbrochen rühren, bis die Sauce eindickt.

3 Schüssel vom Wasserbad nehmen und das gekochte Gemüse in die Sauce rühren. Apfel, Sellerie und Gewürzgurke unterrühren. Alle Zutaten gut vermischen. Salat zugedeckt kalt stellen.

4 Die hart gekochten Eier längs halbieren und die Eigelbe vorsichtig herausholen. Eigelbe in eine kleine Schüssel geben.

5 Die Eigelbe gut mit Petersilie, Semmelbröseln, Paprika, Salz und Pfeffer verrühren. Diese Füllung in die Eiweißhälften geben. Das gekühlte Gemüse in einer Schüssel anrichten und die gefüllten Eier darauf legen.

Tipp: Sie können statt Senf auch frisch gehackten Estragon nehmen.

Gefüllte Pfannkuchen

Dieses Pfannkuchenrezept stammt aus Moldawien, einem Landstrich in Rumänien.

Zutaten für 4–6 Personen

4 Eier, geschlagen
3 EL geschmolzene Butter
250 ml Sahne
250 ml Sodawasser
175 g Mehl
1 Prise Salz
1 Eiweiß, zu leichtem Schnee geschlagen
Öl zum Braten

Für die Füllung

350 g Schafskäse, zerkrümelt
50 g geriebener Parmesan
3 EL Butter
1 Knoblauchzehe, zerdrückt
450 g gefrorener Spinat, aufgetaut
Parmesanspäne zum Garnieren

1 Eier, Butter, Sahne und Wasser in der Küchenmaschine oder im Mixer glatt mixen. Bei eingeschaltetem Mixer Mehl und Salz durch den Einfüller dazugeben, bis der Teig glatt und ohne Klumpen ist. Teig locker mit Klarsichtfolie abdecken und 15 Minuten ruhen lassen.

2 Eine Bratpfanne von etwa 15 cm Durchmesser fetten und auf die Herdplatte stellen. 3-4 EL Teig hineingeben und die Pfanne drehen, damit sich der Teig gut verteilt.

3 Pfannkuchen $1^1/_2$-2 Minuten backen, bis die Unterseite goldbraun ist. Pfannkuchen wenden und auf der anderen Seite backen.

4 Pfannkuchen auf einen angewärmten Teller geben, die anderen Pfannkuchen backen und auf dem Teller stapeln.

5 Für die Füllung Schafskäse, Parmesan, Butter und Knoblauch in einer Schüssel gut vermischen. Den ausgedrückten Spinat dazugeben und unterrühren.

6 2-3 EL Füllung in die Mitte jedes Pfannkuchens geben. Die Ränder mit etwas Eiweiß bepinseln. Dann die Pfannkuchen zu Halbmonden falten. Dabei die Ränder gut zusammendrücken.

7 Pfannkuchen in etwas Öl von beiden Seiten braten, bis sie goldbraun sind und die Füllung heiß ist. Mit den Parmesanspänen garnieren und sofort servieren.

Käsegebäck

Dieses köstliche pikante Gebäck aus Bulgarien wird oft als warme Vorspeise serviert. In Cafés oder Restaurants bekommen Sie es auch als Snack zu jeder Tageszeit.

Zutaten für 14–16 Stück

450 g Schafskäse, gut abgetropft und fein zerkrümelt
90 ml griechischer Naturjogurt
2 Eier, geschlagen
14–16 Blätter Filoteig (Fertigprodukt), aufgetaut
230 g geschmolzene Butter
Meersalz und in Ringe geschnittene Frühlingszwiebeln zum Garnieren

1 Backofen auf 200° / Umluft 180° / Gas Stufe 3 vorheizen. In einer Schüssel Schafskäse, Jogurt und Eier gut vermischen, dabei kräftig schlagen.

2 Einen Spritzbeutel mit einer runden Tülle versehen und mit der Hälfte der Käsemischung füllen.

3 Ein Teigblatt auslegen und zu einem 20 x 30 cm großen Rechteck falten. Mit etwas geschmolzener Butter einpinseln. An einer Längsseite die Käsemischung etwa 5 mm vom Rand entfernt aus dem Spritzbeutel auftragen.

4 Teig zu einer Wurst aufrollen, dabei die beiden Enden umfalten, damit keine Füllung herauslaufen kann. Teigrolle mit geschmolzener Butter bepinseln.

5 Die Wurst zu einem „S“ oder in eine andere Form legen. Aus den übrigen Zutaten weitere gefüllte Teigwürste herstellen.

6 Das Käsegebäck auf ein gefettetes Backblech legen und mit etwas Meersalz und den Zwiebelringen bestreuen. In 20 Minuten knusprig goldbraun backen. Vor dem Servieren auf einem Rost abkühlen lassen.

Auberginendip

Dieser üppige Gemüsedip ist in den meisten Balkanländern beliebt und schmeckt zu gegrilltem Fleisch oder als Brotaufstrich.

Zutaten für 6–8 Personen

700 g Auberginen, längs halbiert
2 grüne Paprikaschoten, geviertelt und entkernt
3 EL Olivenöl
2 feste reife Tomaten, entkernt und fein gehackt
3 EL frisch gehackte Petersilie
2 Knoblauchzehen, zerdrückt
2 EL Rotweinessig
Zitronensaft zum Abschmecken
Salz und frisch gemahlener Pfeffer
Petersilie zum Garnieren
dunkles Roggenbrot und Zitronenschnitze zum Servieren

1 Auberginen und Paprikaschoten mit der Haut nach oben unter den vorgeheizten Grill legen und grillen, bis die Haut Blasen wirft und sich löst. Wenden und 3 Minuten von der anderen Seite grillen. In eine Plastiktüte geben und 10 Minuten ruhen lassen.

2 Die Haut vom Gemüse abschälen. Das Fruchtfleisch von Auberginen und Paprika im Mixer glatt rühren.

3 Bei eingeschaltetem Mixer das Olivenöl langsam durch den Einfüller dazugießen.

4 Das Messer aus dem Mixer nehmen. Gehackte Tomaten, Petersilie, Knoblauch, Essig und Zitronensaft unterrühren. Mit Salz und Pfeffer abschmecken. Mit Petersilienstängeln garnieren und mit Zitronenschnitzen und dunklem Brot servieren.

Taramacreme

Diese in allen Balkanländern verbreitete Creme wird aus festen Fischeiern gemacht, in der Regel Eier von Meeräsche oder Kabeljau, die mit Salz konserviert werden.

Zutaten für 4–6 Personen

120 g gepresster Fischrogen von Meeräsche oder Kabeljau
1 EL Zitronensaft
175 ml Olivenöl und Olivenöl zum Beträufeln
2 EL fein geriebene Zwiebel
1 EL kochendes Wasser
Paprikapulver zum Bestreuen
schwarze Oliven und Sellerieblätter zum Garnieren
getoastetes Brot zum Servieren

1 Fischrogen 2 Stunden in kaltem Wasser einweichen. Abtropfen lassen, dann die äußere und innere Haut abschälen und wegwerfen. Eier im Mixer bei niedriger Stufe langsam zerkleinern.

2 Zitronensaft und Olivenöl bei angeschaltetem Mixer langsam durch den Einfüller dazugießen.

3 Zwiebel und Wasser zur eingedickten Creme mixen. Creme in einer Servierschüssel kalt stellen. Mit Paprikapulver bestreuen, mit Oliven und Sellerieblättern garnieren und mit Öl beträufeln. Mit getoastetem Brot servieren.

Gegrillter Paprikaschotensalat

Dieses Gericht aus Rumänien wird als Vorspeise serviert oder mit kaltem Fleisch als Hauptspeise auf großen Platten mit mehreren Fächern angerichtet. So können verschiedene Köstlichkeiten auf einmal angeboten werden, z. B. Salami, Schafskäse, Oliven und eingelegtes Gemüse.

Zutaten für 4 Personen

je 4 grüne und gelbe Paprikaschoten
1 Knoblauchzehe, zerdrückt
5 EL Olivenöl
4 EL Weinessig
4 Tomaten, in Scheiben geschnitten
1 rote Zwiebel, halbiert und in dünne Ringe geschnitten
Salz, frisch gemahlener schwarzer Pfeffer
frischer Koriander zum Garnieren
Schwarzbrot zum Servieren

1 Paprikaschoten vierteln, Kerne und weiße Trennwände entfernen. Unter dem vorgeheizten Grill mit der Haut nach oben grillen, bis die Haut Blasen wirft und sich löst.

2 Paprikaschoten in eine Plastiktüte geben und 15 Minuten ruhen lassen.

3 Paprikaschoten aus der Tüte nehmen und mit einem spitzen Messer die Haut abschälen.

4 Knoblauch, Olivenöl und Essig vermischen. Paprikaschoten, Tomaten und Zwiebelringe auf vier Tellern anrichten. Dressing darauf gießen. Mit Salz und Pfeffer würzen, mit Koriander garnieren und mit Schwarzbrot servieren.

Tipp: Im Originalrezept werden lange, spitze Paprikaschoten verwendet, die man bei uns aber oft nicht bekommt. Daher nehmen wir die runden Paprikaschoten.

Tintenfischsalat

Die Küche der östlichen Adriaküste ähnelt in vielerlei Hinsicht der italienischen Küche. Besonders frischer Fisch und Meeresfrüchte sind beliebt und werden gerne kalt für Salate verwendet.

Zutaten für 4–6 Personen

1 kg Tintenfisch ohne Haut
175 ml Olivenöl
2 EL Weißweinessig
2 EL Petersilie oder Koriander, frisch gehackt
12 schwarze Oliven
2 Schalotten, in dünne Ringe geschnitten
1 rote Zwiebel, halbiert und in dünne Ringe geschnitten
Salz und frisch gemahlener Pfeffer
Koriander zum Garnieren
8-12 Blätter Salat und 4-6 Zitronenschnitze zum Servieren

1 In einem großen Topf den Tintenfisch in Salzwasser 20-25 Minuten kochen, bis er gerade weich ist. Abtropfen und abkühlen lassen. Dann zugedeckt 45 Minuten kalt stellen.

2 Die Arme vom Körper abschneiden. Anschließend den ganzen Tintenfisch in etwa gleich große Streifen und Scheiben schneiden.

3 In einer Schüssel Olivenöl und Essig verrühren.

4 Petersilie, Oliven, Schalotten, Tintenfisch und Zwiebel dazugeben. Salzen, pfeffern und gut vermischen.

5 Schüsseln mit dem Salat auslegen. Tintenfischsalat darauf geben, mit Koriander garnieren und mit Zitronenschnitzen servieren.

Tipp: Kochen Sie den Tintenfisch keinesfalls zu lange, sonst wird er zäh!

Fleisch und Geflügel

In Polen, Russland und der Ukraine ist Schweinefleisch besonders beliebt und es gibt leckere Rezepte für marinierte Keule oder hausgemachte Würste. Die Armut in manchen Gegenden hat fantasievolle Gerichte mit relativ wenig Fleisch, aber viel Gemüse und Kräutern hervorgebracht. Lamm, Rind und Huhn sind populär in der Tschechischen Republik und in Ungarn. Hier gibt es besonders schöne Braten mit Knödeln und eingelegtem Gemüse. Der Klassiker aus Ungarn ist natürlich das Gulasch – mit viel Paprika! Lamm ist der Favorit auf der Balkanhalbinsel. Doch auch Schweineschnitzel und pikante Hühnergerichte sind populär. Manchen Rezepten merkt man auch hier den griechischen und türkischen Einfluss an.

Teigtaschen mit Leberfüllung

Dieses Rezept stammt aus der Ukraine. Dort sagen die Frauen, dass man die Teigtaschen keinesfalls zählen darf, weil sie dann auseinander fallen.

Zutaten für 4 Personen

200 g Mehl
1/4 TL Salz
2 Eier, geschlagen und Ei zum Bepinseln
1 EL geschmolzene Butter
1 EL Sonnenblumenöl

Für die Füllung

1 EL Sonnenblumenöl
1/2 kleine Zwiebel, fein gehackt
120 g Räucherspeck, grob zerkleinert
230 g Hühner- oder Lammleber, grob zerkleinert
2 EL frisch gehackter Schnittlauch und Schnittlauch zum Garnieren
Salz und frisch gemahlener Pfeffer
Kapern zum Servieren

1 Mehl und Salz in eine Schüssel sieben. In die Mitte eine Mulde drücken. Eier und Butter hineingeben und zu einem Teig verrühren.

2 Teig auf einer bemehlten Arbeitsfläche 2-3 Minuten glatt kneten. In Klarsichtfolie 30 Minuten ruhen lassen.

3 Für die Füllung Öl in einer Pfanne erhitzen und Zwiebel 5 Minuten dünsten. Speck dazugeben und 4-5 Minuten anbraten. Leber dazugeben und in 1 Minute braun anbraten.

4 Diese Mischung im Mixer fein zerkleinern, aber nicht ganz glatt mixen. Schnittlauch, Salz und Pfeffer dazugeben und nochmals ein paar Sekunden mixen.

5 Teig auf einer leicht bemehlten Arbeitsfläche 3 mm dünn ausrollen. Mit einem Glas von etwa 5 cm Durchmesser Kreise ausstechen.

6 Auf jeden Teigkreis einen Löffel Füllung geben. Die Ränder mit etwas Ei bestreichen. Teigkreise zu Halbmonden formen, Ränder gut zusammendrücken. Teigtaschen auf einem bemehlten Küchentuch 30 Minuten ruhen lassen.

7 Salzwasser in einem großen Topf zum Kochen bringen. Öl hineingeben. Die Teigtaschen ins kochende Wasser geben und bei schwacher Hitze 10 Minuten ziehen lassen, bis sie gar sind. Mit dem Schaumlöffel herausnehmen, abtropfen lassen und sofort mit Schnittlauch garniert servieren. Kapern dazu reichen.

Schweinebraten mit Apfelfüllung

Spanferkel vom Grill, mit einem Apfel im Maul und mit Butter oder Sahne begossen, gehörte zu den Klassikern bei Festen in Russland. Dieser Braten mit knuspriger Kruste ist eine preisgünstigere und einfachere Variante.

Zutaten für 6–8 Personen

1 ¾ kg Schweineschulter
300 ml trockener Cidre
150 ml saure Sahne
1 ½ TL Meersalz

Für die Füllung

2 EL Butter
1 kleine Zwiebel, gehackt
50 g Semmelbrösel
2 Äpfel, geschält und klein geschnitten
50 g Rosinen
fein abgeriebene Schale von 1 Orange
1 Prise Nelkenpulver
Salz und frisch gemahlener Pfeffer

1 Backofen auf 220° / Umluft 200° / Gas Stufe 4 vorheizen. Für die Füllung Butter schmelzen und Zwiebel 10 Minuten dünsten. Zwiebel mit den Zutaten für die Füllung in eine Schüssel geben.

2 Das Fleisch mit der Speckschwarte nach unten auf ein Brett legen. Zwischen dem Fleisch und der äußeren Schicht Fett das Fleisch so einschneiden, dass man eine Tasche erhält. Etwa bis 2,5 cm vor dem Rand schneiden.

3 Die Füllung in die Fleischtasche geben. Dann den Braten mit Küchengarn rundum gut verschnüren. Die Speckschwarte im Abstand von 2 cm mit einem scharfen Messer einschneiden.

4 Cidre und saure Sahne in einen Schmortopf geben und verrühren. Braten mit der Speckschwarte nach unten in den Topf legen. Ohne Deckel im Ofen 30 Minuten schmoren.

5 Braten wenden, so dass die Speckschwarte oben liegt. Fleisch begießen, Schwarte mit Meersalz bestreuen. Nochmals 1 Stunde braten, nach 30 Minuten erneut begießen.

6 Backofen auf 180° / Umluft 160° / Gas Stufe 3 herunterschalten. Braten nochmals 1 ½ Stunden garen. 20 Minuten ruhen lassen, servieren.

Tipp: Während der letzten 2 Stunden die Schwarte nicht mehr begießen, damit sie knusprig wird.

Russische Hamburger

Jede Familie in Russland hat ihr eigenes Rezept für Hamburger. Manchmal bekommt man in Cafés „bitki“ als Snack angeboten: Das sind Hackfleischbällchen aus diesem Fleischteig.

Zutaten für 4 Personen

120 g Semmelbrösel
3 EL Milch
450 g feines Hackfleisch vom Rind, Kalb oder Lamm
1 Ei, geschlagen
2 EL Mehl
2 EL Sonnenblumenöl
Salz und frisch gemahlener Pfeffer
Tomatensauce, eingelegtes Gemüse und knusprig gebratene Zwiebeln zum Servieren

1 Semmelbrösel in eine Schüssel geben und die Milch löffelweise dazugeben. Semmelbrösel 10 Minuten weichen lassen. Hackfleisch, Ei, Salz und Pfeffer dazugeben und alle Zutaten gut miteinander vermischen.

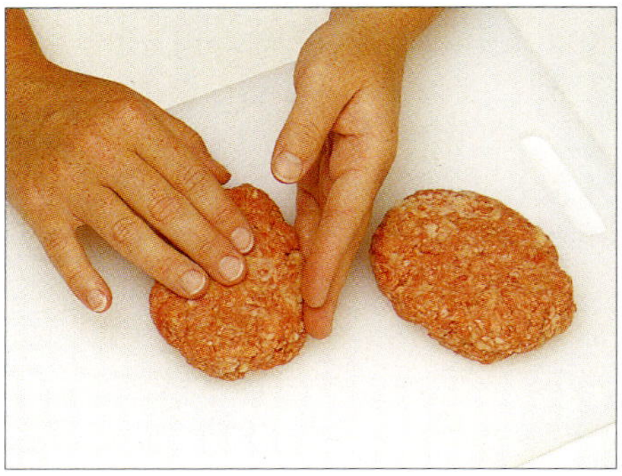

2 Die Mischung in vier Portionen teilen. Jede Portion zu einem Oval von etwa 10 cm Länge und 5 cm Breite formen. Anschließend mit Mehl bestäuben.

3 Öl in einer Pfanne erhitzen, die Burger auf jeder Seite 8 Minuten braten. Mit Tomatensauce, eingelegtem Gemüse und gebratenen Zwiebeln servieren.

Bœuf Stroganoff

Am Ende des 19. Jahrhunderts gab Alexander Stroganoff diesem russischen Gericht aus Rindfleisch und Zwiebeln, in Sahne gekocht, seinen Namen. Es wurde zu seinem Markenzeichen, wenn er Leute in seinem Haus in Odessa einlud. Heute ist das Gericht weltberühmt. Die klassische Beilage sind fein geschnittene Pommes frites.

Zutaten für 4 Personen

450 g Rinderfilet oder Rumpsteak
1 EL Sonnenblumenöl
2 EL Butter
1 Zwiebel, halbiert und in Ringe geschnitten
1 EL Mehl
1 TL Tomatenmark
1 TL Dijonsenf
1 TL Zitronensaft, 150 ml saure Sahne
Salz und frisch gemahlener Pfeffer
frische Kräuter zum Garnieren

1 Das Fleisch zwischen zwei eingeölte Stücke Klarsichtfolie legen. Mit einer Teigrolle sanft über das Fleisch rollen, bis es flacher geworden ist. Dadurch wird es auch zarter. Dann in etwa 5 cm lange, dünne Streifen schneiden.

2 Übriges Öl und 1 EL Butter in einer Bratpfanne erhitzen. Das Fleisch bei starker Hitze 2 Minuten anbraten. Fleisch mit dem Schaumlöffel aus der Pfanne nehmen, Fleischsaft in der Pfanne lassen.

3 1 EL Butter in der Pfanne schmelzen und die Zwiebelringe darin bei schwacher Hitze in 10 Minuten weich dünsten.

4 Mehl über die Zwiebeln streuen und unterrühren. Tomatenmark, Senf, Zitronensaft und saure Sahne unterrühren. Das Fleisch in die Sauce geben und unter Rühren die Sauce aufkochen lassen. Mit Salz und Pfeffer abschmecken. Mit frischen Kräutern garnieren und sofort servieren. Dazu schmecken Pommes frites.

Bigosch

Das polnische Nationalgericht schmeckt auch mit frischem Weißkohl anstelle von Sauerkraut.

Zutaten für 8 Personen

15 g getrocknete Steinpilze
220 g entsteinte Trockenpflaumen
220 g mageres Schweinefleisch ohne Knochen
220 g mageres Wildbret ohne Knochen
220 g mageres Rindfleisch ohne Knochen
220 g Kielbasa-Wurst (siehe Info)
25 g Mehl
2 Zwiebeln, klein geschnitten
3 EL Olivenöl, 4 EL trockener Madeira
900 g abgetropftes Sauerkraut
4 Tomaten, geschält und gehackt
4 Nelken
1 Zimtstange (etwa 5 cm), 1 Lorbeerblatt
$^1/_2$ TL Dillsamen
600 ml Brühe
Salz und frisch gemahlener Pfeffer

1 Getrocknete Pilze und Pflaumen in einer Schüssel mit kochendem Wasser bedecken. 30 Minuten weichen lassen, dann gut abtropfen.

2 Schweinefleisch, Wildbret, Rindfleisch und Kielbasa-Wurst in 2,5 cm große Würfel schneiden. Alle Fleischwürfel im Mehl wälzen. Zwiebeln im Öl 10 Minuten bei schwacher Hitze dünsten. Beiseite stellen.

3 Fleisch portionsweise im Topf 5 Minuten anbraten, bis es braun wird. Fleisch beiseite stellen. Madeira in den Topf geben und 2-3 Minuten unter Rühren köcheln.

4 Fleisch wieder in den Topf geben. Zwiebeln, Sauerkraut, Tomaten, Nelken, Zimt, Lorbeerblatt, Dill, Pilze und Pflaumen dazugeben. Brühe dazugießen und mit Salz und Pfeffer abschmecken.

5 Brühe aufkochen. Den Eintopf bei schwacher Hitze 1 $^3/_4$-2 Stunden zugedeckt köcheln, bis das Fleisch zart ist. Die letzten 20 Minuten offen köcheln, damit Flüssigkeit verdampft. Eintopf auf Teller verteilen, mit Petersilie bestreuen und servieren. Dazu schmecken Petersilienkartoffeln.

Info: Kielbasa ist Wurst aus Schweine- und Rindfleisch, die mit Knoblauch gewürzt ist. Sie können jede beliebige Knoblauchwurst verwenden.

Kovbasa-Würste

Diese köstlichen Würste aus Rind- und Schweinefleisch sind eine Spezialität der Ukraine.

Zutaten für 6 Personen
450 g Schweinefleisch (z. B. Schulter)
220 g mageres Rindfleisch
120 g durchwachsener Speck
2 Eier, geschlagen
2 EL Peperivka (siehe Tipp) oder Pfefferwodka
$1/2$ TL Pimentpulver
1 TL Salz
etwas Butter
2 EL Öl
$1\,3/4$ l Hühnerbrühe
frische Petersilie zum Garnieren
Kartoffelbrei zum Servieren

1 Fleisch und Speck mit der groben Schneide des Fleischwolfes zerkleinern. Die Hälfte der Mischung mit der feinen Schneide sehr fein zerkleinern.

2 Eier, Peperivka, Piment und Salz zur Fleischmischung geben und alles gut verrühren. Zum Abschmecken etwas Hackfleisch in Öl braten und probieren. Nach Bedarf nachwürzen.

Tipp: Peperivka ist mit Pfefferschoten gewürzter Whisky. Geben Sie auf 150 ml Whisky drei nicht zu scharfe Pfefferschoten, die rundherum eingestochen wurden. Mischung mindestens 48 Stunden ziehen lassen.

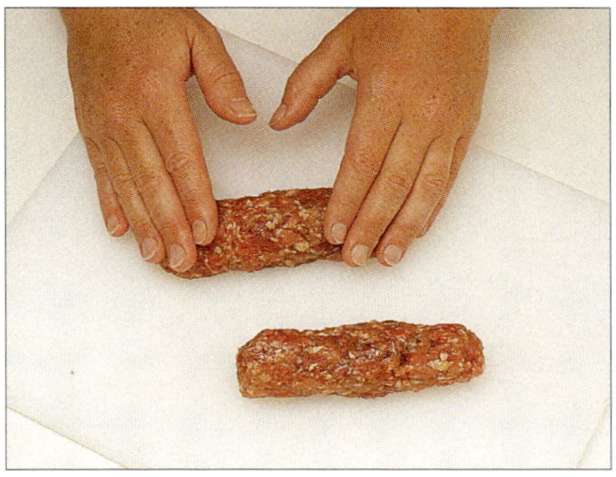

3 Fleischmischung zu zwölf etwa 15 cm langen Würsten formen. Jede Wurst in beidseitig gebutterten Musselin packen, die Enden mit Küchengarn zubinden.

4 Hühnerbrühe in einem Topf aufkochen. Hitze herunterschalten, Würste hineinlegen und bei schwacher Hitze 35–40 Minuten ziehen lassen, öfters wenden. Würste mit einem Spieß einstechen: Wenn der herauslaufende Fleischsaft klar ist, sind sie fertig.

5 Würste 20 Minuten in der Brühe ruhen lassen. Herausnehmen und abkühlen lassen. Musselin entfernen, Würste in Öl braun braten. Mit Petersilie garnieren und mit Kartoffelbrei servieren.

Lammbraten

Dieses ungewöhnliche Rezept aus der russischen Steppe wurde ursprünglich mit Fleisch vom Schaf gemacht, das man über Holzkohle langsam röstete.

Zutaten für 6 Personen

1 3/4 kg Lammfleisch, z. B. Keule
4 große Knoblauchzehen, in Scheiben geschnitten
1 TL Pfefferkörner
300 ml Naturjogurt
1 EL Olivenöl
1 EL frisch gehackter Dill
300 ml Lamm- oder Gemüsebrühe
2 EL Zitronensaft
Kartoffeln, Spinat und Möhren zum Servieren

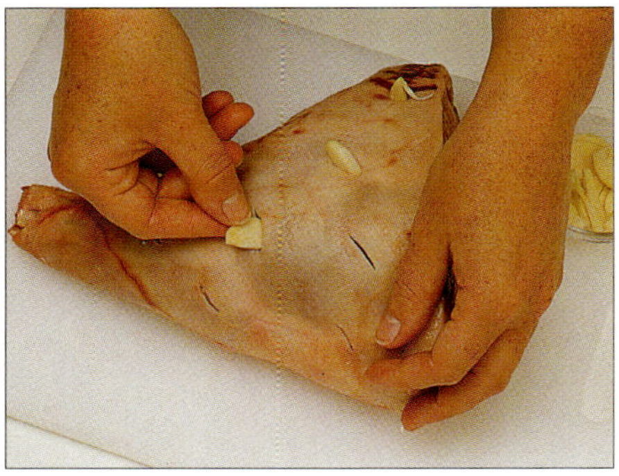

1 Das Lammfleisch rundherum mit einem spitzen Messer einschneiden und die Knoblauchscheiben in die Einschnitte geben.

2 Die ganzen Pfefferkörner im Mörser leicht zerdrücken.

3 Jogurt, Öl und Pfefferkörner in eine Schüssel geben. Dill dazugeben und alles gut vermischen.

4 Diese Jogurtpaste gleichmäßig auf dem Lammfleisch verteilen. Das Fleisch in eine Glasform legen, locker mit Folie abdecken und 1-2 Tage kühl stellen. Fleisch zweimal wenden.

5 Fleisch in eine ofenfeste Form legen und langsam auf Zimmertemperatur erwärmen. Backofen auf 220° / Umluft 200° / Gas Stufe 4 vorheizen. Folie entfernen. Brühe und Zitronensaft zum Fleisch gießen und alles im Backofen 20 Minuten ohne Deckel schmoren.

6 Temperatur auf 180° / Umluft 160° / Gas Stufe 3 herunterschalten. Lammbraten nochmals 1 1/2 Stunden braten, dabei gelegentlich mit dem Bratensaft begießen. Braten aus dem Ofen nehmen und 15-20 Minuten ruhen lassen. Mit dem Fleischsaft aus der Bratform eine Sauce zubereiten. Mit Röstkartoffeln, Spinat und Möhren servieren.

Lamm-Reis-Kasserolle

„Plov“ ist der russische Name für dieses Reisgericht, das in Variationen weit über Osteuropa hinaus bekannt ist. In der Türkei kennt man es unter dem Namen „Pilau“, im Nahen Osten heißt es „Pilaf“.

Zutaten für 4 Personen

50 g Rosinen
120 g Trockenpflaumen, entsteint
1 EL Zitronensaft
2 EL Butter
1 Zwiebel, klein geschnitten
450 g Lammfilet, vom Fett befreit und in 1 cm große Würfel geschnitten
220 g zartes Hackfleisch vom Lamm
2 Knoblauchzehen, zerdrückt
600 ml Lamm- oder Gemüsebrühe
350 g Langkornreis
1 große Prise Safran
Salz und frisch gemahlener Pfeffer
Petersilie zum Garnieren

1 Rosinen und Trockenpflaumen in einer Schüssel mit Wasser bedecken. Zitronensaft dazugeben. Früchte 1 Stunde einweichen. Abgießen, dann die Trockenpflaumen klein schneiden.

2 Während der Einweichzeit Butter in einem großen Topf schmelzen und die Zwiebel 5 Minuten andünsten. Lammfilet, Hackfleisch und Knoblauch hineingeben und alles 5 Minuten unter ständigem Rühren anbraten, bis das Fleisch braun wird.

3 150 ml Brühe dazugießen. Aufkochen lassen, dann die Hitze reduzieren, Topf zudecken und alles 1 Stunde köcheln lassen, bis das Fleisch zart ist.

4 Übrige Brühe dazugießen und aufkochen lassen. Reis und Safran unterrühren. Alles zugedeckt 15 Minuten köcheln lassen, bis der Reis weich ist.

5 Rosinen, Trockenpflaumen, Salz und Pfeffer dazugeben und gut mit den anderen Zutaten vermischen. Alles ein paar Minuten erhitzen. Plov auf eine angewärmte Servierplatte oder individuelle Teller geben, mit Petersilie garnieren und servieren.

Lammkeule mit Gurkensauce

In Ungarn gibt es Lamm bei besonderen Anlässen und Festlichkeiten. Die leichte Säure dieser Sauce bildet einen reizvollen Kontrast zum Lammfleisch.

Zutaten für 6–8 Personen

1¾ kg Lammkeule
2-3 EL grobes Salz
fein abgeriebene Schale von 1 Zitrone
4 EL Butter
4 Zweige Rosmarin und Rosmarin zum Garnieren
frische Petersilienstängel zum Garnieren
geschmorter Rotkohl zum Servieren

Für die saure Sauce

8-10 Essiggurken
2 TL Butter
50 g Mehl
250 ml Lammbrühe
1 Prise Safran
2 EL saure Sahne
1-2 TL Weißweinessig
Salz und frisch gemahlener Pfeffer

1 Ofen auf 180° / Umluft 160° / Gas Stufe 3 vorheizen. Lammfleisch flachdrücken. Salzen, 30 Minuten ruhen lassen.

2 Zitronenschale und Butter mischen. Lammfleisch in die Fettpfanne legen und die Zitronenbutter darauf verteilen.

3 Kräuter hinzufügen. Fleisch 1 ½ Stunden schmoren, gelegentlich begießen. Fleischsaft durchsieben.

4 Inzwischen die Sauce zubereiten. Gurken grob im Mixer zerkleinern. Butter in einem Topf erhitzen und Gurken 5 Minuten köcheln, gelegentlich rühren. Topf von der Platte nehmen, Mehl über die Gurken streuen und 2-3 Minuten rühren.

5 Die Brühe langsam in den Topf gießen und aufkochen lassen. Safran unterrühren. Die Sauce etwa 15 Minuten bei schwacher Hitze köcheln lassen.

6 Topf von der Herdplatte nehmen, saure Sahne, Essig und den durchgesiebten Fleischsaft dazugeben. Mit Salz und Pfeffer abschmecken. Die Lammkeule mit Kräutern garnieren und auf Rotkohl servieren.

Lammgulasch mit Tomaten und Paprika

Gulasch hat sich von Ungarn aus in vielen Ländern Osteuropas durchgesetzt, wo es natürlich variiert wurde. In der Tschechischen Republik ist dieses Lammgulasch beliebt. Streng genommen ist es kein „echtes“ Gulasch, da Mehl verwendet wird. Es schmeckt aber trotzdem wunderbar würzig durch die Zugabe von Tomaten und Paprikaschoten, Majoran und Paprikapulver.

Zutaten für 4-6 Personen

2 EL Pflanzenöl
1 kg Lammfleisch (Schulter), vom Fett befreit und in Würfel geschnitten
1 große Zwiebel, grob zerkleinert
2 Knoblauchzehen, zerdrückt
3 grüne Paprikaschoten, entkernt und klein geschnitten
2 EL Paprikapulver
2 kleine Dosen geschälte Tomaten
1 EL frisch gehackte Petersilie
1 TL frisch gehackter Majoran
2 EL Mehl
4 EL kaltes Wasser
Salz und frisch gemahlener Pfeffer
grüner Salat zum Servieren

1 Öl in einer Bratpfanne erhitzen. Fleischwürfel darin 5–8 Minuten anbraten, bis sie von allen Seiten gebräunt sind. Fleisch mit reichlich Salz und Pfeffer abschmecken.

2 Zwiebel und Knoblauch dazu geben und 2 Minuten braten. Paprikaschoten und Paprikapulver unterrühren.

3 Geschälte Tomaten und evtl. Wasser dazugeben, so dass das Fleisch bedeckt ist. Kräuter unterrühren. Aufkochen, Hitze reduzieren und 1 1/2 Stunden köcheln lassen, bis das Lammfleisch zart ist.

4 Mehl mit dem kalten Wasser verrühren und in das Gulasch gießen. Gut verrühren, nochmals aufkochen lassen. Hitze wieder reduzieren. Gulasch so lange köcheln, bis die Sauce eingedickt ist. Mit Salz und Pfeffer abschmecken und mit einem grünen Salat servieren.

Roastbeef mit Kartoffelknödeln

In diesem klassischen Rezept aus der Tschechischen Republik werden nur feinste Zutaten verwendet - einschließlich bestem Filet für das Roastbeef.

Zutaten für 6 Personen

900 g Rinderfilet
2 Scheiben Räucherspeck, fein geschnitten
2 Zwiebeln, klein gehackt
2 Möhren, klein geschnitten
2 Petersilienwurzeln, klein geschnitten
4 Selleriestangen, fein geschnitten
2 Lorbeerblätter
1/2 TL Piment
1 TL getrockneter Thymian
2 EL frisch gehackte Petersilie
250 ml Rotweinessig
4 EL Olivenöl
4 EL Butter
1/2 TL Zucker
Salz und frisch gemahlener Pfeffer
120 ml saure Sahne
Petersilie zum Garnieren

Für die Knödel

6 große Kartoffeln, geschält und gewürfelt
120 g Mehl
2 Eier, geschlagen

1 Am Vortag Rindfleisch mit Speck spicken, salzen und pfeffern.

2 Dann in eine Glas- oder Plastikschüssel legen. Gemüse rundherum verteilen, Lorbeerblätter dazugeben.

3 In einer anderen Schüssel Piment, Thymian, Petersilie, Essig und 2 EL Olivenöl vermischen und über das Fleisch gießen. Mit Klarsichtfolie abdecken und über Nacht kühl stellen. Zwischendurch Fleisch oben mit der Marinade bestreichen.

4 Backofen auf 180° / Umluft 160° / Gas Stufe 3 vorheizen. 2 EL Olivenöl in einem Topf erhitzen, Fleisch hineingeben und rundherum braun anbraten. Fleisch in eine Bratform legen. Etwas Wasser mit dem Bratfett verrühren und über das Fleisch gießen.

5 Die Gemüsemarinade in der Bratform verteilen. Butter auf das Fleisch geben, Zucker darauf streuen. Braten 1 1/2 Stunden braten, dabei gelegentlich mit der Flüssigkeit begießen.

Tipp: Spicken bedeutet, kleine Stückchen Speck, Knoblauch oder Kräuter in ein Stück Fleisch zu stecken. Der Speck in diesem Rezept sorgt dafür, dass das gegarte Fleisch zart und saftig bleibt.

6 Inzwischen für die Knödel Kartoffeln 15-20 Minuten kochen, abgießen und zerstampfen. Mehl darüber streuen, die Hälfte vom Ei dazugeben und alles gut vermischen. Am Schluss das übrige Ei dazugeben.

7 Kartoffelteig auf eine bemehlte Arbeitsfläche geben und zu zwei gleich langen Rollen formen. Salzwasser in einem Topf aufkochen, Kartoffelrollen vorsichtig einlegen und 20 Minuten kochen. Kurz abkühlen, dann in dicke Scheiben schneiden.

8 Währenddessen das Roastbeef aus der Bratform nehmen und vor dem Anschneiden etwas ruhen lassen. Etwas Gemüse beiseite stellen zum Garnieren. Das übrige Gemüse mit dem Fleischsaft im Mixer zu einer glatten Sauce pürieren.

9 Sauce wieder erhitzen, mit Salz und Pfeffer abschmecken. Nach Bedarf mit etwas Wasser verdünnen. Saure Sahne einrühren. Roastbeef aufschneiden. Gericht mit Gemüse und Petersilie garnieren.

Kürbis mit Lammfüllung

Das Rezept aus Bulgarien ist ideal für gekochte Fleisch- und Reisreste.

Zutaten für 6 Personen als Hauptgericht (für 12 Personen als Vorspeise)

6 Eichelkürbisse, halbiert
3 EL Zitronensaft
2 EL Butter, 2 EL Mehl
250 g Schlagsahne
175 ml pürierte Tomaten (Fertigprodukt)
120 g Schafskäse, zerkrümelt, und Basilikumblätter zum Garnieren

Für die Füllung

350–400 g gekochtes Lammfleisch, klein geschnitten
175 g gekochter Langkornreis
2 EL geschmolzene Butter
25 g Semmelbrösel
50 ml Milch
2 EL fein geriebene Zwiebel
2 EL frisch gehackte Petersilie
2 Eier, geschlagen
Salz und frisch gemahlener Pfeffer

1 Backofen auf 180° / Umluft 160° / Gas Stufe 3 vorheizen. Eventuell die Unterseiten der Kürbishälften abschneiden, damit sie nicht umfallen. Mit einem Teelöffel vorsichtig das Kürbisfleisch herauslöffeln, dabei sollte etwa 1 cm Fruchtfleisch am Boden und an den Rändern verbleiben.

2 Kürbishälften in kochendem Wasser mit dem Zitronensaft 2-3 Minuten blanchieren, dann in eiskaltes Wasser tauchen. Abtropfen lassen und abkühlen.

3 Inzwischen für die Füllung in einer Schüssel gekochtes Lammfleisch, gekochten Reis, Butter, Semmelbrösel, Milch, Zwiebel, Petersilie, Eier, Salz und Pfeffer vermischen. Die Kürbishälften in eine gut gefettete ofenfeste Form stellen und mit der Mischung füllen.

4 Für die Sauce Butter und Mehl in einen Topf geben, Sahne unterschlagen und unter ständigem Rühren aufkochen lassen. 1-2 Minuten köcheln, bis die Sauce eindickt. Salzen und pfeffern. Sauce über die Kürbisse gießen, dann die pürierten Tomaten dazugeben.

5 Kürbisse im Ofen 25-30 Minuten backen. Mit etwas Sauce beträufeln, Schafskäse und Basilikum darauf geben. Übrige Sauce, Schafskäse und Basilikumblätter dazu servieren.

Tipp: Statt des Eichelkürbisses können Sie auch eine große Zucchini nehmen und längs aufschneiden und füllen.

Lamm im Brotteig

Dieser Braten wird in Bulgarien zu besonderen Gelegenheiten und Festlichkeiten gemacht. Aus dem Fleischsaft können Sie eine köstliche Sauce zubereiten.

Zutaten für 6–8 Personen

1½ kg Lammkeule ohne Knochen
3 EL Butter
je ½ TL getrockneter Thymian, Basilikum und Oregano
2 Knoblauchzehen, zerdrückt
3 EL Zitronensaft
Salz zum Bestreuen
1 Ei, geschlagen, zum Verkleben und Glasieren
Oregano oder Majoran zum Garnieren

Für den Teig

450 g Mehl, gesiebt
250 g kalte Butter, gewürfelt
150-250 ml eiskaltes Wasser

1 Backofen auf 180° / Umluft 160° / Gas Stufe 2 vorheizen. Für den Teig Mehl und Butter im Mixer zerkleinern, bis die Mischung an feine Semmelbrösel erinnert. So viel Eiswasser dazugeben und unterrühren, dass ein weicher, aber nicht klebriger Teig entsteht. Kneten, zu einer Kugel formen und in Klarsichtfolie gepackt 1-2 Stunden kalt stellen.

2 Inzwischen die Lammkeule in eine Bratform legen und mit Küchengarn umwickeln. Mit einem scharfen Messer 20 kleine Löcher in das Fleisch schneiden.

3 Butter, getrocknete Kräuter, Knoblauch und Zitronensaft vermischen und in die kleinen Einschnitte im Fleisch verteilen. Braten mit Salz bestreuen.

4 Lammkeule im Ofen 1 Stunde braten, dann abkühlen lassen. Küchengarn entfernen.

5 Teig auf einer bemehlten Arbeitsfläche so groß ausrollen, dass er um den Lammbraten passt. Braten in den Teig einwickeln, Ränder mit Ei bestreichen. In eine Bratform geben.

6 Brothülle mit Teigresten verzieren, dann mit Ei glasieren, wieder in den Ofen geben und 30-45 Minuten backen. Braten in Scheiben schneiden und mit Sauce servieren. Mit Oregano oder Majoran garnieren.

Kalbsrouladen

Diese Kalbsrouladen aus der Tschechischen Republik schmecken köstlich mit der Füllung aus Speck, Ei und Schinken.

Zutaten für 4–6 Personen

1 1/2 kg Kalbfleisch (Schulter), in 2 cm dünne Scheiben geschnitten (ersatzweise Schweinefleisch)
220 g Räucherspeck in Scheiben
175 g gekochter Schinken in Scheiben
4 Eier, geschlagen
3 EL Milch
3 Gewürzgurken, fein gehackt
120 g Butter
3 EL Mehl
350 ml Hühnerbrühe
Salz und frisch gemahlener Pfeffer
junge Möhren, Bohnen und Essiggurken zum Servieren

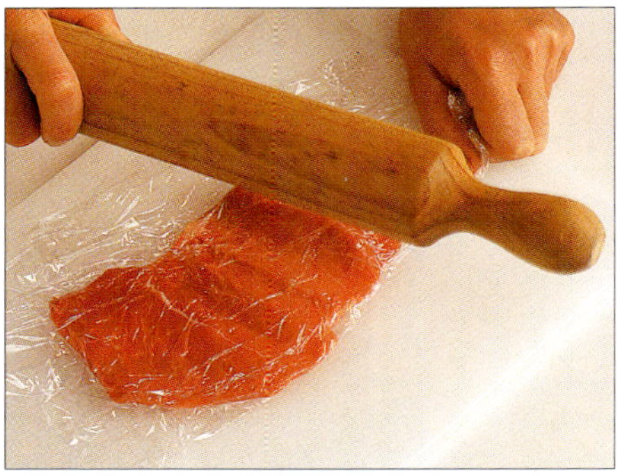

1 Backofen auf 180° / Umluft 160° / Gas Stufe 2 vorheizen. Kalb- oder Schweinefleisch zwischen zwei Lagen Klarsichtfolie legen und mit einer Teigrolle flach rollen.

2 Jede Fleischscheibe mit je einer Scheibe Räucherspeck und Schinken belegen. Eier mit der Milch in einem kleinen Topf verrühren und unter Rühren zu weichem Rührei kochen. Etwas abkühlen lassen.

3 Etwas Rührei auf jede Scheibe Schinken legen. Mit einem Messer gleichmäßig verteilen. Fein gehackte Essiggurken darauf geben.

4 Jede Fleischscheibe aufrollen und mit Garn umwickeln.

5 Butter in einer großen feuerfesten Kasserolle schmelzen. Rouladen darin von allen Seiten braun anbraten. Kasserolle von der Herdplatte nehmen. Rouladen herausnehmen und beiseite stellen. Mehl in die Kasserolle geben und gut umrühren.

6 Mehlmischung köcheln, bis sie hellbraun wird. Langsam die Hälfte der Brühe dazugießen. Rouladen hineingeben, Brühe aufkochen. Dann Rouladen im Backofen 1 1/2–2 Stunden garen. Falls nötig, etwas Wasser dazugießen.

7 Nach dem Garen Rouladen 10 Minuten ruhen lassen, in Scheiben schneiden und mit Bratensaft, jungen Möhren, Bohnen und Essiggurken servieren.

Ungarisches Gulasch

Paprikapulver ist eines der Lieblingsgewürze der ungarischen Küche. Das süßliche bis scharfe Würzpulver wird aus verschiedenen Sorten roter Paprikaschoten gemacht, die in Ungarn schon seit dem Ende des 16. Jahrhunderts angebaut werden. Schäfer gaben das Gewürz in ihr Gulasch, die Fischer in ihren Fischeintopf.

Zutaten für 4–6 Personen

2 EL Pflanzenöl
2 Zwiebeln, gehackt
900 g mageres Rindfleisch (Oberschale), vom Fett befreit und gewürfelt
1 Knoblauchzehe, zerdrückt
1 große Prise Kümmel
2 EL Paprikapulver
1 feste reife Tomate, klein geschnitten
2 1/2 l Rinderbrühe
2 grüne Paprikaschoten, entkernt und in Streifen geschnitten
450 g Kartoffeln, geschält und gewürfelt
Salz und frisch gemahlener Pfeffer

Für die Knödel

2 Eier, geschlagen
6 EL Mehl

1 Öl in einem großen schweren Topf erhitzen. Zwiebeln hineingeben und weich dünsten.

2 Rindfleischwürfel dazugeben und 10 Minuten von allen Seiten braun anbraten. Öfters rühren, damit das Fleisch nicht am Topfboden klebt.

3 Knoblauch, Kümmel, etwas Salz, Paprikapulver und Tomatenwürfel dazugeben. Brühe hinzugießen und Gulasch 1-1 1/2 Stunden zugedeckt bei schwacher Hitze schmoren, bis das Fleisch zart ist.

4 Paprikaschoten und Kartoffeln dazugeben und 20-25 Minuten schmoren, dabei gelegentlich rühren.

5 Inzwischen die Knödel zubereiten: Geschlagene Eier mit Mehl und etwas Salz vermischen. Mit leicht bemehlten Händen kleine Knödel rollen und diese in das köchelnde Gulasch legen. 2-3 Minuten mitgaren, bis sie an die Oberfläche kommen. Gulasch mit Salz und Pfeffer abschmecken und auf vorgewärmte Teller verteilen.

Hackbraten

Wie viele Rezepte aus Serbien ist auch dieser Hackbraten ganz einfach zu machen. Wichtig ist die gute Qualität des Fleisches und viele frische Kräuter.

Zutaten für 4–6 Personen

8 Scheiben durchwachsener Räucherspeck
2 Scheiben zarter Speck, klein geschnitten
1 Zwiebel, fein gehackt
2 Knoblauchzehen, zerdrückt
120 g Semmelbrösel
6 EL Milch
450 g mageres Hackfleisch vom Rind
450 g mageres Hackfleisch vom Schwein
½ TL frisch gehackter Thymian
2 EL frisch gehackte Petersilie
2 Eier, geschlagen
Salz und frisch gemahlener Pfeffer
Kartoffelbrei mit Kräutern und gekochte Möhren zum Servieren

1 Backofen auf 200° / Umluft 180° / Gas Stufe 3 vorheizen. Eine Kastenform von etwa 1,75 l Inhalt mit Butter fetten. Mit Räucherspeck auslegen. Wenn nötig, den Speck mit einem Messer strecken, so dass er für die ganze Form ausreicht.

2 Den klein geschnittenen Speck ohne Fett in einer großen Bratpfanne rösten, bis er knusprig ist. Zwiebel und Knoblauch einrühren, in 2-3 Minuten goldbraun braten.

3 In einer großen Schüssel die Semmelbrösel in der Milch einweichen, bis die Milch aufgesaugt ist.

4 Hackfleisch, Speck, Zwiebel, Knoblauch, Kräuter und Eier dazugeben, würzen und gut mischen.

5 Mischung in die Form geben, mit Alufolie zudecken. Hackbraten 1½ Stunden backen. Stürzen, in Scheiben schneiden. Mit Kartoffelbrei und Möhrengemüse servieren.

Schweinefleisch mit Sauerkraut

Das Sauerkraut und der Senf in diesem Rezept zeigen Einflüsse aus dem Norden. Doch die Chilischoten verraten, dass das Rezept aus dem Süden, nämlich aus Rumänien, stammt.

Zutaten für 4 Personen

450 g mageres Schweine- oder Kalbfleisch, in Würfel geschnitten
4 EL Pflanzenöl
½ TL Paprikapulver
400 g Sauerkraut, gut abgetropft
2 frische rote Chilischoten
6 EL Fleischbrühe
Salz und frisch gemahlener Pfeffer
50 ml saure Sahne
körniger Senf, Paprikapulver und Salbeiblätter zum Garnieren
Brot zum Servieren

1 In einer schweren Bratpfanne Fleischwürfel im Öl von allen Seiten braun anbraten.

2 Paprika und Sauerkraut dazugeben und gut untermischen. Alles in eine ofenfeste Kasserolle geben.

3 Chilischoten halbieren und die Kerne entfernen. Chilischoten in die Kasserolle geben.

4 Brühe in die Kasserolle gießen. Zugedeckt bei schwacher Hitze 1-1 ½ Stunden schmoren, dabei gelegentlich rühren.

5 Nach Belieben die Chilischoten herausnehmen. Gericht mit Salz und Pfeffer würzen. Auf Teller verteilen, mit saurer Sahne, Senf, Paprikapulver und Salbeiblättern garnieren und mit knusprigem Brot servieren.

Schweineschnitzel mit Hühnerleber

Dieses Rezept mit köstlichen Wildpilzen stammt aus Kroatien.

Zutaten für 4 Personen

4 große Schweineschnitzel (je 200 g)
4 EL Olivenöl
120 g Hühnerleber, klein geschnitten
1 Knoblauchzehe, zerdrückt
Mehl, mit Salz und Pfeffer gemischt, zum Bestäuben
Salz und frisch gemahlener Pfeffer
1 EL frisch gehackte Petersilie zum Garnieren

Für die Sauce

1 Zwiebel, in dünne Streifen geschnitten
120 g durchwachsener Räucherspeck, in dünne Scheiben geschnitten
175 g gemischte Wildpilze
120 ml Olivenöl
1 TL mittelscharfer Senf
150 ml Weißwein
120 ml saure Sahne
250 ml Crème double
Salz und frisch gemahlener Pfeffer

1 Schweineschnitzel zwischen zwei Lagen feuchter Klarsichtfolie mit dem Fleischklopfer flach klopfen oder mit der Teigrolle flach rollen. Schnitzel sollten 10 x 15 cm groß sein. Salzen, pfeffern.

2 2 EL Olivenöl in einer Pfanne erhitzen. Hühnerleber und Knoblauch darin 1-2 Minuten anbraten. Herausnehmen und auf Küchenpapier entfetten.

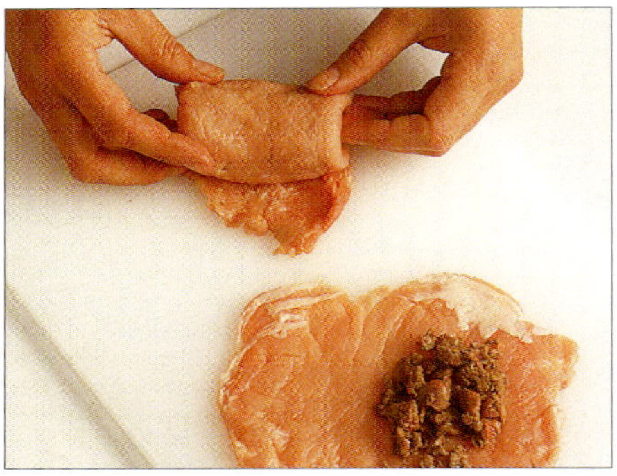

3 Gebratene Leber gleichmäßig auf die vier Schnitzel verteilen. Schnitzel zu kleinen festen Päckchen rollen. Mit Zahnstochern oder Küchengarn sichern. Dann im gewürzten Mehl wälzen.

4 2 EL Olivenöl in der Pfanne erhitzen. Schnitzel bei mittlerer Hitze 6-8 Minuten goldbraun braten. Auf Küchenpapier entfetten und warm halten.

5 Für die Sauce Zwiebel, Speck und Pilze im Öl in der Pfanne 2-3 Minuten anbraten. Senf, Weißwein und saure Sahne dazugeben. Bis zum Siedepunkt erhitzen, dann Crème double unterrühren. Salzen und pfeffern.

6 Schnitzel auf vorgewärmte Teller legen. Etwas Sauce dazugeben. Übrige Sauce in einer Schüssel dazustellen. Mit Petersilie garniert servieren.

Rindsrouladen

Dieses Rezept aus Bulgarien vereint Einflüsse aus der Slowakei, Griechenland und Russland. Koriander und Pfeffer geben den pikanten Touch.

Zutaten für 4 Personen

4 Scheiben Rindfleisch für Rouladen
50 ml Olivenöl und Öl zum Braten
2 EL schwarze Pfefferkörner, sehr grob gemahlen, Salz
2 EL Korianderkörner
1 Zwiebel, halbiert und in dünne Scheiben geschnitten
300 ml trockener Rotwein
1 Ei, geschlagen
150 g geschälte Tomaten (Dose)
Polenta und saure Sahne zum Servieren

Für die Füllung

120 g fein gehackter Schinken
40 g Semmelbrösel
2 Frühlingszwiebeln, fein gehackt
3 EL frisch gehackte Petersilie
1 Eigelb und Ei zum Bestreichen
1 kleine grüne Paprikaschote, entkernt und sehr fein geschnitten
1/4 TL Piment

1 Rindfleisch zwischen zwei Lagen feuchte Klarsichtfolie oder Backpapier legen. Mit einer Teigrolle gleichmäßig flach drücken. Fleischscheiben in das Olivenöl tauchen.

2 Fleisch auf einer Arbeitsfläche flach auslegen und mit Pfeffer, Koriander und Zwiebelringen belegen.

3 Fleisch fest zusammenrollen und in eine flache Schale legen. 150 ml Wein darüber gießen, mit Klarsichtfolie abdecken und 2 Stunden kühlen.

4 Inzwischen die Zutaten für die Füllung in einer Schüssel vermischen. Eventuell etwas Rinderbrühe oder Wasser dazugeben.

5 Rindfleisch aus der Schale nehmen, Zwiebeln und Gewürze abschütteln. 2–3 Esslöffel Füllung in die Mitte von jedem Stück Fleisch geben.

6 Fleisch um die Füllung herum mit Ei bestreichen und aufrollen. Mit einem Holzspieß oder Küchengarn sichern.

7 Etwas Öl in einer Pfanne erhitzen, Rouladen braun anbraten. Hitze reduzieren, 150 ml Wein und geschälte Tomaten mit Saft zu den Rouladen gießen. Fleisch in 25–30 Minuten zart schmoren. Sauce mit Salz und Pfeffer abschmecken. Rouladen auf Teller verteilen, mit Petersilie garnieren und mit Polenta, saurer Sahne und grob gemahlenem Pfeffer servieren.

Schweinebraten mit Pflaumenfüllung

Dieses Rezept stammt aus der Tschechischen Republik und basiert auf einem Braten aus Deutschland. Die Ingwerkekse sorgen für den besonderen Geschmack.

Zutaten für 4 Personen

1½ kg geräucherte Schweinelende
18 Trockenpflaumen, fein gehackt
3 EL Apfelsaft oder Wasser
75 g trockene Ingwerkekse, zerkrümelt
3 Kardamomkapseln
1 EL Sonnenblumenöl
1 Zwiebel, gehackt
250 ml Rotwein
1 EL brauner Zucker
Salz und frisch gemahlener Pfeffer
in Butter gebratene Trockenpflaumen, Apfelstücke, Lauch und gedämpfter Grünkohl zum Servieren

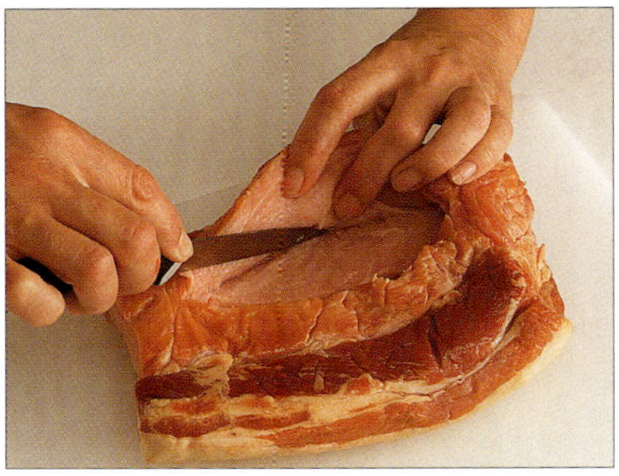

1 Backofen auf 220° / Umluft 200° / Gas Stufe 4 vorheizen. Fleisch mit der Fettseite nach unten auf ein Brett legen. Längs einen etwa 3 cm tiefen Schnitt bis 1 cm vor Ende des Fleisches machen. Rechts und links davon zwei tiefere Schnitte machen, so dass man zwei Taschen erhält.

2 Trockenpflaumen in einer Schüssel mit dem Apfelsaft mischen. Zerkrümelte Ingwerkekse untermischen. Kardamomsamen aus den Kapseln holen und im Mörser zerdrücken. Mit Salz und Pfeffer in die Schüssel geben. Die Zutaten für die Füllung gut verrühren und dann die Taschen damit füllen.

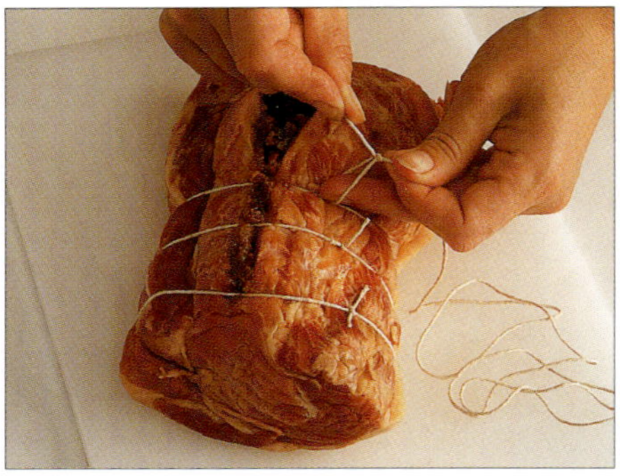

3 Den Braten zusammenbinden, rundherum im Öl braun anbraten.

4 Gehackte Zwiebel 10 Minuten im Bräter dünsten. Fleisch wieder hineingeben, Wein angießen, Zucker, Salz und Pfeffer dazugeben.

5 Braten im Ofen 10 Minuten schmoren, dann die Hitze auf 180° / Umluft 160° / Gas Stufe 2 zurückschalten und Braten zugedeckt 1 Stunde und 50 Minuten braten, bis er gar und goldbraun ist.

6 Fleisch aus dem Bräter nehmen und warm halten. Fleischsaft durch ein Sieb in einen Topf gießen und 10 Minuten köcheln lassen, Braten in Scheiben schneiden und mit gebratenen Trockenpflaumen, Apfel- und Lauchstücken und Grünkohl servieren. Sauce extra reichen.

Spareribs mit Sauce

Kaufen Sie Spareribs mit richtig viel Fleisch dran für dieses köstliche Gericht aus Ungarn. Überschüssiges Fett vor dem Garen abschneiden.

Zutaten für 6 Personen

25 g Mehl
1 TL Salz
1 TL frisch gemahlener Pfeffer
$1\frac{1}{2}$ kg Spareribs vom Schwein, in Abschnitte geteilt
2 EL Sonnenblumenöl
1 Zwiebel, fein gehackt
1 Knoblauchzehe, zerdrückt
3 EL Tomatenmark
2 EL Chilisauce
2 EL Rotweinessig
1 Prise Nelkenpulver
600 ml Fleischbrühe
1 EL Speisestärke
Petersilie zum Garnieren
Sauerkraut und Brot zum Servieren

1 Backofen auf 180° / Umluft 160° / Gas Stufe 2 vorheizen. Mehl, Salz und Pfeffer in einer Schale mischen. Fleisch darin wälzen.

2 Öl in einer großen Bratpfanne erhitzen und Spareribs darin von allen Seiten anbraten, bis sie braun sind. Auf ein Backblech legen und die gehackte Zwiebel darauf verteilen.

3 In einer Schüssel Knoblauch, Tomatenmark, Chilisauce, Essig, Nelken und Brühe verrühren. Mischung über die Spareribs gießen. Mit Alufolie zudecken. $1\frac{1}{2}$ Stunden im Ofen garen, bis sie richtig zart sind. Nach 1 Stunde die Alufolie abnehmen.

4 Flüssigkeit vom Blech in einen kleinen Topf gießen. Speisestärke mit etwas kaltem Wasser in einer Tasse anrühren und dann unterrühren. Sauce aufkochen lassen und 2–3 Minuten köcheln, bis sie eindickt.

5 Spareribs auf gekochtem Sauerkraut anrichten und mit etwas Sauce begießen. Die übrige Sauce extra servieren. Spareribs mit Petersilie garnieren und mit Brot servieren.

Fleischtopf mit Sauerkraut

Dieses Rezept stammt aus Ungarn. Das Gericht ist allerdings weit verbreitet.

Zutaten für 4–6 Personen

2 EL Pflanzenöl
2 Zwiebeln, fein gehackt
2 Knoblauchzehen, zerdrückt
1 kg mageres Schweinefleisch, in 5 cm große Würfel geschnitten
1 TL Kümmel
1 EL frisch gehackter Dill
900 ml Fleisch- oder Gemüsebrühe
900 g Sauerkraut, abgetropft
1 EL Paprikapulver
Salz
Dill zum Garnieren
saure Sahne mit Paprikapulver und Peperoni zum Servieren

1 Öl in einem großen Topf erhitzen. Zwiebeln und Knoblauch darin 6–8 Minuten weich dünsten.

2 Fleischwürfel dazugeben und rundherum braun anbraten. Kümmel dazugeben, dann den Dill und die Brühe. Bei schwacher Hitze 1 Stunde köcheln lassen.

3 Abgetropftes Sauerkraut und Paprikapulver dazugeben. Alles 45 Minuten bei schwacher Hitze schmoren. Mit Salz abschmecken.

4 Eintopf mit Dill garnieren. Mit saurer Sahne und Paprikapulver und nach Belieben mit Peperoni servieren.

Knoblauchwurst-Kartoffel-Eintopf

Dieser deftige Eintopf aus Polen enthält verschiedenerlei Schweinefleisch. Das Bier macht das Fleisch besonders zart und aromatisch.

Zutaten für 6 Personen

3 EL Sonnenblumenöl
220 g magerer Räucherspeck, in Würfel geschnitten
450 g mageres Schweinefleisch (Schulter), in 2,5 cm große Würfel geschnitten
1 große Zwiebel, in Ringe geschnitten
900 g Kartoffeln, in dicke Scheiben geschnitten
1 Flasche Bier
250 g Knoblauchwurst in Scheiben
500 g Sauerkraut, abgetropft
2 rote Äpfel, entkernt und klein geschnitten
1 TL Kümmel
Salz und frisch gemahlener Pfeffer

1 Backofen auf 180° / Umluft 160° / Gas Stufe 2 vorheizen. 2 EL Öl in einer feuerfesten Kasserolle erhitzen. Speck 2–3 Minuten anbraten, Schweinefleisch dazugeben und rundum leicht bräunen. Beiseite stellen.

2 Übriges Öl in die Kasserolle geben und Zwiebel darin 10 Minuten weich dünsten. Fleisch und Speck dazugeben, Kartoffeln ebenfalls hineingeben.

3 Das Bier dazugießen und zum Kochen bringen. Zudecken und 45 Minuten köcheln.

4 Knoblauchwurst, abgetropftes Sauerkraut, Apfel und Kümmel dazugeben und unterrühren. Mit Salz und Pfeffer abschmecken. Eintopf im Ofen 30 Minuten kochen lassen, bis das Fleisch weich ist.

Kalbsschnitzel

Dieses einfache köstliche Gericht zeigt Einflüsse aus Ungarn. Die Nudeln bringen einen südlichen Touch.

Zutaten für 4 Personen

4 Kalbsschnitzel, je etwa 175 g
75 g Mehl, mit Salz und Pfeffer gemischt
2 Eier, geschlagen
120 g Semmelbrösel
2 EL Öl
4 EL Butter
weißer Pfeffer, grob gemahlen
Pflanzenöl zum Einpinseln
Schnittlauch und Paprikapulver zum Garnieren
Zitronenschnitze, Tagliatelle mit Butter und grüner Salat zum Servieren

1 Kalbsschnitzel zwischen zwei Lagen stabile angefeuchtete Klarsichtfolie oder Backpapier legen und mit der Teigrolle etwa auf die 1 1/2-fache Größe bringen. Etwas grob gemahlenen weißen Pfeffer auf beiden Seiten in die Schnitzel drücken.

2 Mehl, Eier und Semmelbrösel auf verschiedene Teller geben. Fleisch mit Öl einpinseln und im Mehl wälzen. Schnitzel in das geschlagene Ei legen, wenden und zum Schluss in den Semmelbröseln wälzen. Locker zugedeckt 30 Minuten ruhen lassen.

3 Öl und 2 EL Butter in einer großen Bratpfanne erhitzen und die Schnitzel nacheinander bei schwacher bis mittlerer Hitze etwa 3-4 Minuten pro Seite braten. Nicht zu heiß braten, sonst wird das Kalbfleisch zu fest. Schnitzel im Backofen warm halten und die übrigen 3 Schnitzel braten.

4 Fertige Schnitzel auf Teller verteilen. Je 1/2 EL Butter auf jedes Schnitzel geben, mit Schnittlauch und Paprika garnieren. Mit gebutterten Tagliatelle, Zitronenschnitzen und einem grünen Salat servieren.

Tipp: Manchmal bricht die Semmelbröselhülle auf. Um das zu verhindern, ziehen Sie vor dem Braten einen Messerrücken kreuzförmig über die Panade.

Rumänisches Kebab

Kebab - Spieße - sind auf der ganzen Welt verbreitet und beliebt, sicher auch deshalb, weil sie so unkompliziert sind und für jeden Geschmack variabel. In diesem köstlichen Rezept aus Rumänien wird zartes Lammfleisch mariniert und anschließend mit Gemüse gegrillt - ein farbenfrohes und gesundes Essen. Traditionell gibt es Traubensaft und Brot zum Kebab.

Zutaten für 6 Personen

650-700 g zartes Lammfleisch, in 4 cm große Würfel geschnitten
12 Schalotten oder kleine Zwiebeln
2 grüne Paprikaschoten, entkernt und in je 6 Stücke geschnitten
12 kleine Tomaten
12 Pilze
Rosmarin zum Garnieren
Zitronenschnitze, frisch gekochter Reis und Brot zum Servieren

Für die Marinade

Saft von 1 Zitrone
120 ml Rotwein
1 Zwiebel, fein gehackt
4 EL Olivenöl
je 1/2 TL getrockneter Salbei und Rosmarin
Salz und frisch gemahlener Pfeffer

1 Für die Marinade Zitronensaft, Rotwein, Zwiebel, Olivenöl, Kräuter, Salz und Pfeffer gut verrühren.

2 Fleischwürfel in die Marinade geben, einmal wenden. Zugedeckt über Nacht kühl stellen, Fleisch öfters wenden.

3 Lammstücke auf 6 Holzspieße verteilen, dabei abwechselnd mit Zwiebeln, Paprikastücken, Tomaten und Pilzen aufspießen.

4 Die Kebabs auf dem sehr heißen Holzkohlengrill oder unter dem Backofengrill 10-15 Minuten grillen, dabei einmal wenden. Mehrmals mit der übrigen Marinade bestreichen, damit sie nicht austrocknen.

5 Kebabs auf frisch gekochtem Reis anrichten. Mit frischem Rosmarin bestreuen. Zitronenschnitze und Brot dazu reichen.

Hühnerkroketten

Dieses Rezept stammt aus Polen. Wenn Sie leichten Wildgeschmack mögen, bereiten Sie es mit Perlhuhn zu.

Zutaten für 12 Stück

1 EL geschmolzene Butter
120 g Pilze, fein gehackt
50 g Semmelbrösel
350 g Hühnerbrust oder Perlhuhnbrust, ganz fein gehackt
2 Eier, getrennt
1/4 TL Muskatnuss
2 EL Mehl
3 EL Öl
Salz und frisch gemahlener Pfeffer
grüner Salat und eingelegte Rote Bete zum Servieren

1 Butter in einem Topf schmelzen und Pilze in 5 Minuten weich dünsten. Rühren, bis alle Flüssigkeit verdampft ist. Abkühlen lassen.

2 Semmelbrösel, Hühnerbrust, Eigelbe, Muskatnuss, Salz und Pfeffer mischen. Pilze unterrühren.

3 Eiweiße zu Eischnee schlagen. Eine Hälfte in die Fleischmischung rühren, die zweite Hälfte vorsichtig unterheben.

4 Die Mischung zu 12 gleich großen Kroketten von etwa 7-8 cm Länge und 2-3 cm Breite formen. Kroketten im Mehl wälzen.

5 Öl in einer Bratpfanne erhitzen und die Kroketten 10 Minuten darin goldbraun braten. Dabei öfters wenden. Kroketten heiß mit grünem Salat und eingelegter Roter Bete servieren.

Huhn auf Kiewer Art

Dieses beliebte Rezept ist eine moderne russische Erfindung. Die mit Knoblauch gefüllten frittierten Hühnerbrüste lassen sich gut vorbereiten, da sie mindestens 1 Stunde kalt gestellt werden müssen.

Zutaten für 4 Personen

120 g weiche Butter
2 Knoblauchzehen, zerdrückt
fein abgeriebene Schale von 1 Zitrone
2 EL frisch gehackter Estragon
1 Prise Muskatnuss, frisch gerieben
4 Hühnerbrüste mit Flügelknochen, ohne Haut
1 Ei, leicht geschlagen
120 g Semmelbrösel
Öl zum Frittieren
Salz und frisch gemahlener Pfeffer
Zitronenschnitze zum Garnieren
Bratkartoffeln zum Servieren

1 Butter in einer Schüssel mit Knoblauch, Zitronenschale, Estragon und Muskatnuss verrühren. Mit Salz und Pfeffer abschmecken. Butter zu einem etwa 5 cm langen Rechteck formen, in Folie wickeln und 1 Stunde kalt stellen.

2 Hühnerfleisch mit der gehäuteten Seite nach unten zwischen zwei Schichten eingeölte Klarsichtfolie legen und mit einer Teigrolle bearbeiten, bis sie sehr flach sind.

3 Butter längs in vier Stücke schneiden und ein Stück in die Mitte jedes Hühnerteiles geben. Die Fleischränder über der Butter falten und mit Holzstäbchen befestigen.

4 Geschlagenes Ei und Semmelbrösel auf verschiedene Teller geben. Hühnerteile zuerst im Ei wälzen und dann in den Semmelbröseln, bis sie gleichmäßig davon bedeckt sind, auf eine Platte legen und mindestens 1 Stunde kalt stellen.

5 Öl in einer großen Bratpfanne oder einer Fritteuse auf 180° erhitzen. Hühnerteile 6-8 Minuten frittieren, bis das Fleisch gar ist und die Panade knusprig goldbraun. Auf Küchenpapier entfetten, Holzstäbchen entfernen. Sofort mit Zitronenschnitzen und Bratkartoffeln servieren.

Hühner-Schweinefleisch-Pastete

Diese köstliche Pastete aus der Ukraine schmeckt am besten mit warmem Brot.

Zutaten für 6–8 Personen

220 g durchwachsener Speck
375 g Hühnerbrust ohne Haut
1 EL Zitronensaft
120 g mageres Hackfleisch vom Schwein
½ Zwiebel, fein gehackt
2 Eier, geschlagen
2 EL frisch gehackte Petersilie
1 TL Salz
1 TL grüne Pfefferkörner, grob gemahlen
frischer grüner Salat, Radieschen und Zitronenschnitze zum Servieren

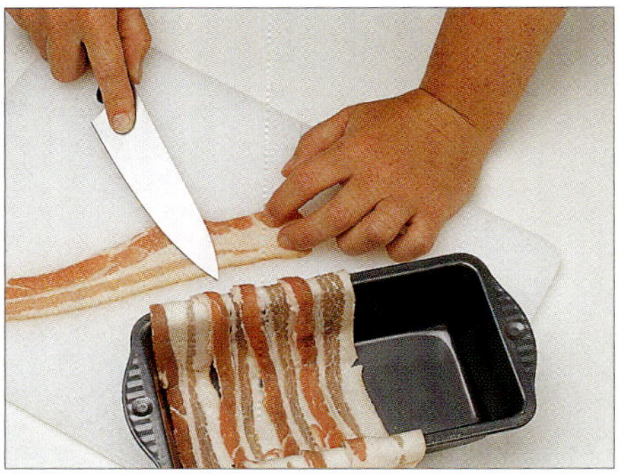

1 Backofen auf 160° / Umluft 140° / Gas Stufe 1 vorheizen. Speck auf ein Brett legen und mit einem Messerrücken lang ziehen, so dass die Scheiben groß genug sind, um eine Kastenform auszukleiden.

2 120 g Hühnerbrust in 10 cm lange Streifen schneiden. Mit Zitronensaft beträufeln. Die übrige Hühnerbrust mit Hackfleisch und Zwiebel zu einer glatten Masse mixen.

3 Eier, Petersilie, Salz und Pfefferkörner zu der Mischung geben und nochmals kurz mixen. Die Hälfte der Mischung in die Backform geben und die Oberfläche glatt streichen.

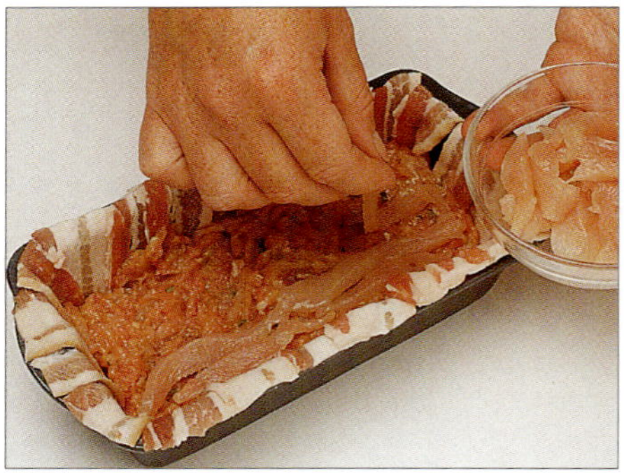

4 Die langen Hühnerstreifen obenauf legen, dann die andere Hälfte der Mischung darauf legen. Die Form mehrmals fest auf eine Arbeitsfläche klopfen, bis alle Luft entwichen ist.

5 Form mit eingeölter Alufolie abdecken und in eine Fettpfanne mit heißem Wasser stellen, das bis zur Hälfte der Bratform reicht, Pastete 45-50 Minuten backen, bis sie fest ist.

6 Pastete in der Form abkühlen, stürzen und kühl stellen. In Scheiben schneiden und auf Teller geben. Mit Salat, Radieschen und Zitrone servieren.

Entenbraten mit Orangen-Honigsauce

Die süßsaure Orangensauce ist die ideale Ergänzung zu diesem köstlichen Entenbraten aus Polen. Das Orangenaroma wird durch das Braten der Orangenschale noch intensiver.

Zutaten für 4 Personen

1 ofenfertige Ente (etwa 2 kg)
1/2 TL Piment
1 unbehandelte Orange
1 EL Sonnenblumenöl
2 EL Mehl
150 ml Hühner- oder Entenbrühe
2 TL Rotweinessig
1 EL flüssiger Honig
Salz und frisch gemahlener Pfeffer
Brunnenkresse und dünn abgeriebene Orangenschale zum Servieren

1 Ofen auf 220° / Umluft 200° / Gas Stufe 4 vorheizen. Ente rundherum (außer die Brust) mit einer Gabel einstechen, damit das Fett herauslaufen kann.

2 Die Ente rundherum mit Piment einreiben und mit Salz und Pfeffer bestreuen.

3 Ente auf einen Rost legen, darunter ein tiefes Backblech geben. 20 Minuten backen. Temperatur auf 180° / Umluft 160° / Gas Stufe 3 herunterschalten. Ente nochmals 2 Stunden garen.

4 Inzwischen die Orangenschale dünn abschälen und in sehr feine Streifen schneiden. Öl in einem Topf erhitzen und die Orangenschale bei schwacher Hitze 2-3 Minuten anbraten. Orange auspressen.

5 Ente auf eine vorgewärmte Platte legen und warm halten. Fett bis auf 2 Esslöffel aus dem Backblech entfernen. Mehl in das Fett einrühren.

6 Brühe, Essig, Honig, Orangensaft und 1 EL Orangenschale einrühren, unter Rühren aufkochen, 2-3 Minuten köcheln, salzen und pfeffern. Ente mit Brunnenkresse und Orangenschale servieren. Sauce extra reichen.

Hühnchen in Badacsonyi-Wein

Dieses Rezept wird in Ungarn mit einem Wein aus der Gegend des Plattensees zubereitet. Er heißt Badacsonyi Kekryalii und hat einen ganz unverwechselbaren Geschmack.

Zutaten für 4 Personen

4 EL Butter
4 Frühlingszwiebeln, gehackt
120 g Räucherspeck, in Würfel geschnitten
2 Lorbeerblätter
1 Zweig Estragon
1 Hühnchen (1 1/2 kg)
4 EL süßer Sherry
120 g Champignons, in Scheiben geschnitten
300 ml Badacsonyi-Wein oder trockener Weißwein
Salz
Estragon und Lorbeerblätter zum Garnieren
frisch gekochter Reis zum Servieren

1 Butter in einem großen schweren Topf erhitzen und die Frühlingszwiebeln 1-2 Minuten andünsten. Speck, Lorbeerblätter und Estragon dazugeben (vom Stängel abstreifen). Nochmals 1 Minute braten.

2 Das ganze Hühnchen in den Topf geben und Sherry darüber gießen. Zugedeckt bei schwacher Hitze 15 Minuten köcheln lassen.

3 Pilze in den Topf geben, Wein dazugießen. Zugedeckt 1 Stunde kochen. Deckel abnehmen und das Hühnchen mit der Weinmischung begießen, Anschließend 30 Minuten offen kochen, bis fast alle Flüssigkeit verdampft ist.

4 Restliche Kochflüssigkeit abschöpfen. Mit Salz abschmecken. Hühnchen, Gemüse und Speck auf eine Servierplatte legen. Mit Estragon und Lorbeerblättern garnieren und mit Reis servieren.

Hühnchen mit Wildpilzen

Dieses Rezept stammt aus der Tschechischen Republik.

Zutaten für 4 Personen

3 EL Olivenöl
1 Brathühnchen (etwa 1 kg)
1 große Zwiebel, fein gehackt
3 Selleriestangen, klein geschnitten
2 Knoblauchzehen, zerdrückt
300 g gemischte Wildpilze
1 TL frisch gehackter Thymian
250 ml Hühnerbrühe
250 ml trockener Weißwein
Saft von 1 Zitrone
2 EL frisch gehackte Petersilie
120 ml saure Sahne
Salz und frisch gemahlener Pfeffer
Petersilie zum Garnieren
grüne Bohnen zum Servieren

1 Backofen auf 180° / Umluft 160° / Gas Stufe 3 vorheizen. Öl in der Fettpfanne erhitzen, Huhn darin braun anbraten.

2 Zwiebel dazugeben, kurz anbraten. Sellerie, Knoblauch, Pilze und Thymian 3 Minuten anbraten.

3 Hühnerbrühe, Wein und Zitronensaft in die Fettpfanne gießen. 1 EL Petersilie darüber streuen. Mit reichlich Salz und Pfeffer würzen. Fettpfanne in den Backofen geben und Hühnchen 1 ½ Stunden braten, dabei gelegentlich mit dem eigenen Saft oder etwas Wasser begießen.

4 Huhn aus der Fettpfanne nehmen und warm halten. Fettpfanne auf den Herd stellen und bei schwacher Hitze die saure Sahne zu Fleischsaft und Gemüse rühren. Eventuell noch etwas Brühe oder Wasser dazugeben, so dass eine sämige Sauce entsteht.

5 Hühnchen auf einer Servierplatte anrichten, Pilze in der Sauce rundherum verteilen. Mit Petersilie garnieren und mit der übrigen Sauce und grünen Bohnen servieren.

Hühnerschenkel mit Bohnen

Dieser köstliche Eintopf aus Bulgarien ist reich an Farben und Aromen.

Zutaten für 4–6 Personen

250 g getrocknete Kidneybohnen, über Nacht eingeweicht
8-12 Stücke Hühnerfleisch (z. B. Schenkel)
12 Scheiben Räucherspeck
2 große Zwiebeln, halbiert und in dünne Ringe geschnitten
250 ml trockener Weißwein
1/2 TL frisch gehackter Salbei oder Oregano
1/2 TL frisch gehackter Rosmarin
1 Prise Muskatnuss, frisch gemahlen
150 ml saure Sahne
1 EL scharfes Paprikapulver
Salz und frisch gemahlener Pfeffer
Rosmarin zum Garnieren
Zitronenschnitze zum Servieren

1 Backofen auf 180° / Umluft 160° / Gas Stufe 3 vorheizen. Bohnen in Salzwasser 20 Minuten kochen. Abgießen und abtropfen lassen. Hühnerstücke mit reichlich Salz und Pfeffer würzen.

2 Eine ofenfeste Form rundherum mit den Speckscheiben auslegen. Die Hälfte der Zwiebeln darauf geben, dann die Hälfte der Bohnen, danach wieder Zwiebeln und anschließend die restlichen Bohnen.

3 In einer Schüssel Wein mit der Hälfte des Salbei oder Oregano, dem Rosmarin und der Muskatnuss mischen und in die Form gießen. In einer anderen Schüssel die saure Sahne und das Paprikapulver verrühren.

4 Hähnchenteile in die saure Sahne tauchen, dann in die Form legen. Mit Alufolie zugedeckt 1 1/2 Stunden im Ofen garen. 15 Minuten vor Ende der Garzeit Folie entfernen. Mit Rosmarin garnieren und mit Zitrone servieren.

Hühnertopf in Tomatensauce

Dies ist ein traditionelles Rezept aus Bulgarien, bei dem das Huhn ganz langsam und gleichmäßig in seinem eigenen Saft gart.

Zutaten für 4–6 Personen

8 Hühnerteile (z. B. Schenkel)
6-8 reife Tomaten, klein gehackt
2 Knoblauchzehen, zerdrückt
3 Zwiebeln, klein gehackt
4 EL Olivenöl
250 ml gute Hühnerbrühe
2 Lorbeerblätter
2 TL Paprikapulver
10 weiße Pfefferkörner, zerdrückt
einige Stängel Petersilie, Blättchen fein gehackt
Salz

1 Hühnerteile, Tomaten und Knoblauch in einem ofenfesten Topf zugedeckt bei schwacher Hitze 15 Minuten dünsten.

2 Übrige Zutaten (bis auf die Petersilie) dazugeben. Alles gut verrühren.

3 Topf zudecken und bei sehr schwacher Hitze 1 3/4-2 Stunden köcheln, bis die Hühnerteile zart sind. Dabei gelegentlich umrühren. 5 Minuten vor Ende der Garzeit fein gehackte Petersilienblätter dazugeben.

Hühnchen nach Varna-Art

In diesem Rezept aus Varna in Bulgarien wird Hühnchen in einer Tomatensauce geschmort.

Zutaten für 8 Personen

1 Hähnchen (etwa 2 kg) in 8 Teilen
½ TL frisch gehackter Thymian
3 EL Butter, 3 EL Pflanzenöl
3-4 Knoblauchzehen, zerdrückt
2 Zwiebeln, fein gehackt
Salz und frisch gemahlener weißer Pfeffer
Basilikum- und Thymianblättchen zum Garnieren, gekochter Reis zum Servieren

Für die Sauce

120 ml trockener Sherry
3 EL Tomatenmark
einige frische Basilikumblättchen
2 EL Weißweinessig
1 Prise Zucker, 1 TL milder Senf
400 g geschälte Tomaten (Dose)
220 g Pilze, in Scheiben geschnitten

1 Backofen auf 180° / Umluft 160° / Gas Stufe 3 vorheizen. Hühnerteile mit Salz, Pfeffer und Thymian würzen. Butter und Öl in eine große Bratpfanne geben und die Hühnerteile rundherum goldbraun anbraten. Hühnerteile in eine ofenfeste Form legen und warm halten.

2 Knoblauch und Zwiebeln in der Bratpfanne 2-3 Minuten anbraten, bis sie gerade weich sind.

3 Für die Sauce Sherry, Tomatenmark, Salz, Pfeffer, Basilikum, Essig und Zucker vermischen. Senf und Tomaten dazugeben. Mischung in die Pfanne geben und aufkochen lassen.

4 Hitze reduzieren und Pilze dazugeben. Sauce mit Salz, Pfeffer, Essig und Zucker abschmecken.

5 Tomatensauce über die Hühnerteile gießen. Zugedeckt im Backofen 45-60 Minuten schmoren, bis die Hühnerteile gar sind. Auf einem Reisbett servieren, mit Basilikum und Thymian garnieren.

Ghiveci-Hühnchen

In Rumänien wird Hühnchen traditionell mit vielen farbenfrohen Gemüsesorten serviert, die im milden Klima hervorragend gedeihen. Wer möchte, gibt noch Kräuter, z. B. Rosmarin, Majoran und Thymian, hinzu.

Zutaten für 6 Personen

4 EL Pflanzenöl
1 Zwiebel, in Ringe geschnitten
2 Knoblauchzehen, zerdrückt
2 rote Paprikaschoten, entkernt und in Streifen geschnitten
1 Hühnchen (etwa 1,5 kg)
6 EL Tomatenmark
3 Kartoffeln, gewürfelt
1 TL frisch gehackter Rosmarin
1 TL frisch gehackter Majoran
1 TL frisch gehackter Thymian
3 Möhren, in dicke Scheiben geschnitten
1/2 Selleriestange, klein geschnitten
120 ml trockener Weißwein
2 Zucchini, in Scheiben geschnitten
Salz und frisch gemahlener Pfeffer
Rosmarin und Majoran zum Garnieren
dunkles Brot zum Servieren

1 Öl in einer großen feuerfesten Kasserolle erhitzen. Zwiebel und Knoblauch hineingeben und 1-2 Minuten anbraten. Paprikaschoten dazugeben.

2 Hühnchen in sechs Teile zerlegen. Diese in die Kasserolle legen und von allen Seiten braun anbraten.

3 Nach etwa 15 Minuten Tomatenmark, Kartoffeln, Kräuter, Möhren, Sellerie und Weißwein dazugeben. Mit Salz und Pfeffer abschmecken. Bei schwacher Hitze zugedeckt 40-50 Minuten garen lassen.

4 Zucchini 5 Minuten vor Ende der Garzeit hinzufügen. Mit Salz und Pfeffer abschmecken. Mit Kräutern garnieren und mit dunklem Brot servieren.

Tipp: Statt der frischen Kräuter können Sie je 1/2 TL getrocknete verwenden.

Entenbraten mit Aprikosensauce

Ein Klassiker an Festtagen in den ehemaligen jugoslawischen Ländern.

Zutaten für 4 Personen

1 kleine Ente (2 kg)
4 EL frisch gehackte Petersilie
1 Zitrone, geviertelt
3 Möhren, in Scheiben geschnitten
2 Selleriestangen, klein geschnitten
1 Zwiebel, grob gehackt
Salz und frisch gemahlener Pfeffer
Aprikosen und Salbeiblüten zum Garnieren

Für die Sauce

425 g Aprikosen (aus der Dose)
50 g Zucker, 2 TL scharfer Senf
4 EL Aprikosenmarmelade
1 EL Zitronensaft
2 TL abgeriebene Zitronenschale
50 ml frischer Orangensaft
$^1/_4$ TL Korianderpulver, $^1/_4$ TL Ingwerpulver
4-5 EL Brandy

1 Backofen auf 220° / Umluft 200° / Gas Stufe 4 vorheizen. Ente waschen, mit Küchenpapier trockentupfen und mit Salz und Pfeffer einreiben.

2 Petersilie, Zitrone, Möhren, Sellerie und Zwiebel in einer Schüssel verrühren, dann mit einem Löffel in die Ente füllen.

3 Ente 45 Minuten auf einem Rost über einem Backblech braten. Mit dem Bratensaft begießen.

4 Ente aus dem Ofen nehmen und die Haut einstechen. Ofen auf 180° / Umluft 160° / Gas Stufe 2 herunterschalten und Ente 1–$1^1/_2$ Stunden braten, bis sie knusprig, zart und goldbraun ist.

5 Inzwischen Aprikosen mit dem Saft, Zucker und Senf in einen Mixer geben. Marmelade dazugeben und alles glatt mixen.

6 Aprikosenmischung mit Zitronensaft und -schale, Orangensaft und Gewürzen in einen Topf geben und aufkochen. Brandy dazugießen und 2 Minuten kochen. Topf von der Platte ziehen, Sauce salzen und pfeffern.

7 Die Füllung mit einem Löffel aus der Ente holen, zusammen mit der Ente auf einer Servierplatte anrichten. Mit frischen Aprikosen und Salbeiblüten garnieren. Sauce extra reichen.

Truthahn nach Zador-Art

Dieses Gericht wird in Kroatien bei besonderen Anlässen serviert. Das Brot, das es dazu gibt, heißt „Mlinces".

Zutaten für 10–12 Personen

1 frischer Truthahn (etwa 3 kg)
2 Knoblauchzehen, halbiert
120 g Räucherspeck, fein geschnitten
2 EL frisch gehackter Rosmarin
120 ml Olivenöl
250 ml trockener Weißwein
einige Scheiben gegrillter Räucherspeck zum Servieren
Rosmarin zum Garnieren

Für die Mlinces

350 g Mehl, gesiebt
120-150 ml warmes Wasser
2 EL Öl
Meersalz

1 Backofen auf 200° / Umluft 180° / Gas Stufe 3 vorheizen. Truthahn waschen und mit Küchenpapier trockentupfen. Mit den Knoblauchstücken einreiben.

2 Räucherspeck und Rosmarin vermischen und in die Nackenöffnung des Truthahnes geben. Hautfalten mit einem Stäbchen zusammenstecken. Truthahn mit Öl bepinseln.

3 Truthahn in eine Bratform legen und mit Alufolie abdecken. 45-50 Minuten braten. Folie entfernen, Backofen auf 160° / Umluft 140° / Gas Stufe 2 herunterschalten.

4 Truthahn mit seinem Saft begießen, Weißwein dazugießen. 1 Stunde braten, gelegentlich begießen. Backofen auf 150° / Umluft 130° / Gas Stufe 1 herunterschalten und Truthahn nochmals 45 Minuten braten. Öfters bestreichen.

5 Inzwischen die Mlinces zubereiten: Mehl mit etwas Salz, dem Wasser und dem Öl zu einem weichen, elastischen Teig kneten. In vier gleiche Teile teilen.

6 Teig auf einer bemehlten Arbeitsfläche zu Kreisen von etwa 40 cm Durchmesser ausrollen. Mit Meersalz bestreuen. Auf Backpapier legen und 25 Minuten im Backofen (mit dem Truthahn) backen, bis sie knusprig sind. In kleinere Stücke zerbrechen.

7 Etwa 5 Minuten vor Ende der Garzeit des Truthahnes Mlinces in den Fleischsaft legen. Gericht mit Rosmarin garnieren und mit Speck servieren.

Fisch

Die osteuropäischen Länder haben Anteile am Mittelmeer, der Ostsee, dem Kaspischen und Schwarzen Meer, was zu einer großen Auswahl an Salzwasserfischen führt. Der Stör aus dem Kaspischen Meer liefert Russlands berühmtesten Export: Kaviar. Die großen Flüsse und der Plattensee in Ungarn bringen Aal, Flussbarsch, Schleie, Forelle, Hecht, Brassen, Karpfen und Lachs auf den Speisezettel. Lieblingsfische in Russland sind Hecht und Karpfen. Karpfen ist auch in der Tschechischen Republik und in Polen populär. Schwertfisch, Seebrassen und Thunfisch sind Hauptzutat in köstlichen Fischrezepten von der Adriaküste.

Hecht-Lachs-Mousse

Diese zarte Mousse aus Russland enthüllt beim Aufschneiden einen dekorativen rosa Streifen - den Lachs. Für einen ganz besonderen Anlass können Sie die Mousse mit rotem Lachskaviar garnieren.

Zutaten für 8 Personen

220 g Lachsfilets ohne Haut
600 ml Fischbrühe
fein abgeriebene Schale von 1/2 Zitrone
900 g Hechtfilet ohne Haut
4 Eiweiße
475 ml Crème double
2 EL frisch gehackter Dill
Salz und frisch gemahlener Pfeffer
roter Lachskaviar oder Dill zum Garnieren (nach Belieben)

1 Backofen auf 180° / Umluft 160° / Gas Stufe 3 vorheizen. Eine Kastenform (900-g Brot) mit Papier auslegen und mit Öl bestreichen.

2 Lachs in 5 cm lange Streifen schneiden. Brühe und Zitronensaft in einem Topf aufkochen. Lachs hineinlegen und zugedeckt 2 Minuten ziehen lassen. Mit einem Fischheber herausnehmen.

3 Hechtfilets in Würfel schneiden. Im Mixer zu einer Creme pürieren. Eiweiße mit einer Gabel schlagen. Bei laufendem Mixer Eiweiße zur Hechtcreme, dann die Crème double dazugießen. Zitronenschale, Dill, Salz und Pfeffer dazugeben.

4 Die Hälfte dieser Mischung in die vorbereitete Kastenform geben.

5 Die pochierten Lachsstücke darauf legen, dann die übrige Hechtcreme darauf verteilen.

6 Die Form mit Alufolie abdecken und in die Fettpfanne oder eine Bratform stellen. So viel Wasser angießen, dass es zur halben Höhe der Form reicht. 45-50 Minuten backen, bis die Mousse fest geworden ist.

7 Mousse in der Form abkühlen lassen. Mindestens 3 Stunden kalt stellen. Auf eine Servierplatte stürzen und das Papier entfernen. Mousse in Scheiben schneiden und mit Dill oder Lachskaviar garniert servieren.

Blätterteigpastete mit Lachs

Dies ist ein richtiges Festessen in Russland. Eine Schicht saftiger Lachs mit Eiwürfeln auf einem Bett von gebuttertem Dillreis - und alles eingehüllt in knusprigen Blätterteig.

Zutaten für 4 Personen
4 EL Butter
1 kleine Zwiebel, fein gehackt
175 g gekochter Langkornreis
1 EL frisch gehackter Dill
1 EL Zitronensaft
450 g gefrorener Blätterteig, aufgetaut
450 g Lachsfilets ohne Haut, in 5 cm große Stücke geschnitten
3 hart gekochte Eier, klein gehackt
1 Ei, geschlagen, zum Verkleben und Glasieren
Salz und frisch gemahlener Pfeffer
Brunnenkresse zum Garnieren

1 Backofen auf 200° / Umluft 180° / Gas Stufe 3 vorheizen. Butter schmelzen, Zwiebel bei schwacher Hitze in 10 Minuten weich dünsten.

2 Gekochten Reis, Dill, Zitronensaft, Salz und Pfeffer einrühren.

3 Blätterteig auf einer leicht bemehlten Arbeitsfläche zu einem etwa 30 cm großen Quadrat ausrollen. Reismischung auf einer Hälfte der Teigplatte verteilen, dabei rundherum 1 cm Rand frei lassen.

4 Lachsstücke auf dem Reis verteilen, Eiwürfel darauf legen.

5 Die Teigränder mit dem geschlagenen Ei bepinseln, dann die leere Teighälfte über die Füllung legen, so dass ein Rechteck entsteht. Ränder gut zusammendrücken.

6 Die Teigrolle vorsichtig auf ein leicht geöltes Backblech legen. Mit Ei glasieren, dann den Teig mehrmals mit einem Spieß einstechen, damit der Dampf entweichen kann.

7 Im Backofen in der Mitte 40 Minuten backen. Nach 30 Minuten mit Alufolie abdecken. Abkühlen lassen, dann in Scheiben schneiden und mit Brunnenkresse garniert servieren.

Schleie mit Gemüse

Die Schleie ist der kleinste Fisch aus der Karpfenfamilie. Sie hat festes, leicht süßliches Fleisch und nur wenig Gräten. In diesem Rezept aus Polen wird sie mit gemischtem Gemüse geschmort. Natürlich können Sie je nach Saison und Geschmack auch anderes Gemüse nehmen.

Zutaten für 4 Personen

900 g Schleie, filetiert und enthäutet
1 EL Zitronensaft
6 EL Butter
1 Zwiebel, halbiert und grob geschnitten
1 Selleriestange, klein geschnitten
1 Möhre, längs halbiert und in Scheiben geschnitten
120 g kleine Champignons, halbiert
50 ml Gemüsebrühe
Salz und frisch gemahlener Pfeffer

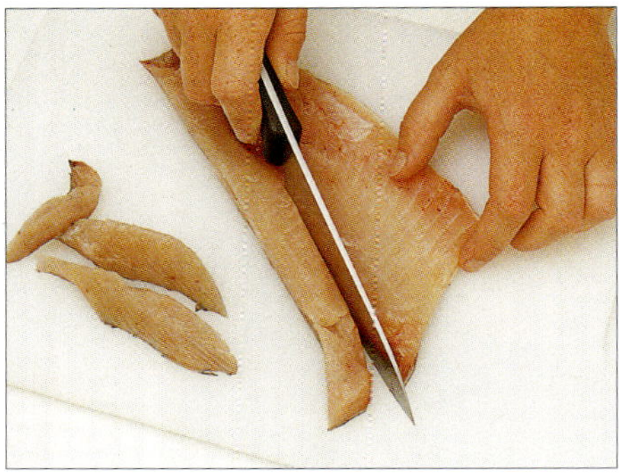

1 Fischfilets in etwa 2,5 cm breite Streifen schneiden. Mit Zitronensaft beträufeln und mit etwas Salz und Pfeffer bestreuen.

2 Butter in einem großen ofenfesten Topf schmelzen und Zwiebeln darin 5 Minuten kochen. Sellerie, Möhren und Pilze dazugeben und unter Rühren 2-3 Minuten mitkochen, bis die Butter sich gut verteilt hat.

3 Brühe in den Topf geben. Fischstücke nebeneinander auf dem Gemüse anrichten. Topf zudecken und alles bei ganz schwacher Hitze 25-30 Minuten schmoren, bis Fisch und Gemüse zart sind.

Tipp: Junger Karpfen schmeckt auch sehr gut mit dem Gemüse.

Scholle in polnischer Sauce

Die Sauce ist nur dem Namen nach polnisch - und man weiß bis heute nicht, wieso sie diesen Namen hat. Das Gericht stammt jedenfalls aus Russland, geht schnell und einfach und schmeckt köstlich.

Zutaten für 4 Personen

4 Schollenfilets (je 220 g-250 g)
6 EL Butter
2 hart gekochte Eier, fein gehackt
2 EL frisch gehackter Dill
1 EL Zitronensaft
Salz und frisch gemahlener schwarzer Pfeffer
Zitronenscheiben zum Garnieren
gekochte junge Möhren zum Servieren

1 Fisch mit der Haut nach unten auf ein eingeöltes Stück Alufolie auf ein Backblech legen. Butter in einem kleinen Topf schmelzen. Etwas Butter auf die Fischfilets geben. Mit Salz und Pfeffer würzen.

2 Fisch bei schwacher Hitze unter dem Grill 8-10 Minuten grillen, bis er gerade gar ist. Auf eine vorgewärmte Platte legen.

3 Eier, Dill und Zitronensaft zur Butter in den Topf geben. Bei schwacher Hitze 1 Minute erhitzen. Vor dem Servieren über den Fisch gießen. Mit Zitronenscheiben und gekochten jungen Möhren servieren.

Fischpudding

Dieser Fischpudding aus Polen wird mit Eiweiß zubereitet, was ihm die feine Konsistenz eines Soufflees verleiht. Er ist aber stabiler und kann zum Servieren gestürzt werden.

Zutaten für 4 Personen

350 g weiße Fischfilets ohne Haut (z. B. Rotbarsch, Kabeljau), in 2,5 cm große Würfel geschnitten
50 g Weißbrot, in 1 cm großen Würfeln
250 ml Milch
2 EL Butter
1 kleine Zwiebel, fein gehackt
3 Eier, getrennt
1/4 TL Muskatnuss, frisch gerieben
Salz und frisch gemahlener Pfeffer
2 EL frisch gehackter Dill und Dill zum Garnieren, dünne Zucchini- und Möhrenscheiben zum Servieren

1 Backofen auf 180° / Umluft 160° / Gas Stufe 2 vorheizen. Eine ofenfeste Form von 1,5 l Inhalt einfetten, Boden mit Backpapier auslegen.

2 Fischwürfel in eine Schüssel geben. Brotwürfel dazugeben, dann die Milch dazugießen. Zum Einweichen beiseite stellen.

3 Butter schmelzen, Zwiebel 10 Minuten weich dünsten. Abkühlen, zum Fisch geben. Eigelbe, Muskatnuss, Dill, Salz und Pfeffer dazugeben, alles gut vermischen.

4 Eiweiße in einer großen Schüssel steif schlagen. Eischnee vorsichtig unter die Fischmischung heben.

5 Die Mischung in die Form geben. Mit gefetteter Alufolie zudecken und 45 Minuten backen.

6 Pudding kurz abkühlen lassen, dann herauslöffeln oder stürzen. Papier entfernen, Pudding in Scheiben schneiden. Mit Dill garnieren und mit Gemüse servieren.

Soljanka mit Aal

Dieser Aal-Gemüse-Eintopf hat den gleichen Namen wie eine klassische Suppe aus Russland. Das Wort „Soljanka" bezieht sich auf den säuerlichen Geschmack der Zutaten.

Zutaten für 4 Personen

650 g Aal ohne Haut und Gräten
900 ml Fisch- oder Gemüsebrühe
1½ l Wasser
450 g Weißkohl, fein geschnitten
4 EL Butter
1 große Zwiebel, gehackt
2 Gewürzgurken, in Scheiben geschnitten
12 grüne Oliven
1 EL Kapern, abgetropft
75 g Semmelbrösel
Salz und frisch gemahlener Pfeffer
Petersilie zum Garnieren
Kartoffeln zum Servieren

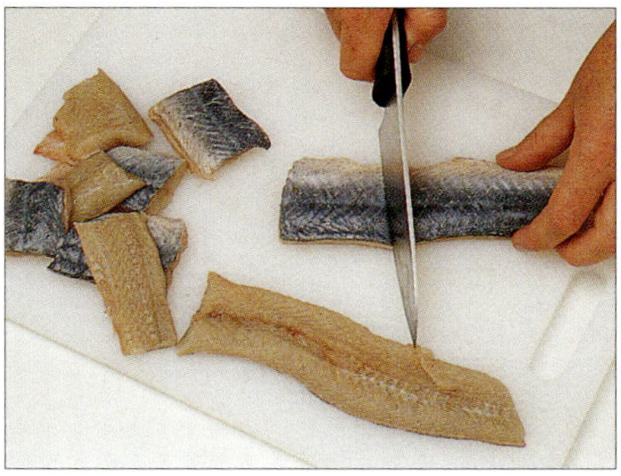

1 Aal in relativ große Stücke schneiden. Fisch- oder Gemüsebrühe in einem großen Topf zum Sieden bringen und den Aal darin 4 Minuten pochieren. Aal mit dem Schaumlöffel herausnehmen. 150 ml Brühe abnehmen und beiseite stellen.

2 Wasser zur Brühe in den Topf gießen. Aufkochen lassen, dann Kohl hineingeben. 2 Minuten kochen lassen, dann abgießen und gut abtropfen lassen.

3 2 EL Butter im Topf schmelzen. Zwiebel darin 5 Minuten anbraten.

4 Abgetropften Kohl und die beiseite gestellte Brühe dazugeben. Mit einem gut schließenden Deckel zudecken und 1 Stunde bei schwacher Hitze köcheln lassen, bis der Weißkohl zart ist. Mit Salz und Pfeffer abschmecken.

5 Backofen auf 200° / Umluft 180° / Gas Stufe 3 vorheizen. Die Hälfte des Kohls in eine Auflaufform geben. Aal und Gurken darauf verteilen. Übrigen Kohl dazugeben, Brühe dazugießen.

6 Oliven, Kapern und Semmelbrösel auf dem Auflauf verteilen. 2 EL Butter schmelzen und darauf geben. 25–30 Minuten backen, bis der Auflauf braun wird. Mit Petersilie garnieren und mit Kartoffeln servieren.

Seezungenröllchen

Dieses Rezept aus Polen schmeckt auch mit Seebarsch. Der delikate Fischgeschmack wird von der Zitrone und dem Thymian perfekt ergänzt.

Zutaten für 4 Personen

8 Seezungenfilets ohne Haut (je etwa 150 g)
3 EL Olivenöl
1 EL Zitronensaft
2 EL Butter
200 g Champignons, sehr fein gehackt
4 Anchovisfilets, sehr fein gehackt
1 TL frisch gehackter Thymian und Thymian zum Garnieren
2 Eier, geschlagen
120 g Semmelbrösel
Öl zum Frittieren
Salz und frisch gemahlener Pfeffer
gegrillter Chicorée zum Servieren

1 Fischfilets nebeneinander in eine Glasform legen. Öl und Zitronensaft vermischen und darüber gießen. Zugedeckt im Kühlschrank mindestens 1 Stunde marinieren.

2 Butter schmelzen und die Pilze bei schwacher Hitze 5 Minuten dünsten, bis sie weich sind und die Flüssigkeit verdampft ist. Anchovis, Thymian, Salz und Pfeffer dazugeben.

3 Diese Mischung auf den Fischfilets verteilen. Filets aufrollen und mit Holzstäbchen zusammenstecken.

4 Jedes Fischröllchen erst im Ei, dann in Semmelbröseln wälzen, bis es bedeckt ist. Mit allen Fischröllchen so verfahren. Öl auf 180° erhitzen.

5 Fischröllchen in zwei Portionen 4–5 Minuten goldbraun frittieren. Auf Küchenpapier entfetten. Stäbchen entfernen, die Röllchen mit Thymian bestreuen. Mit gegrilltem Chicorée servieren.

Tipp: Bitten Sie Ihren Fischhändler, dass er die Filets für Sie häutet.

Karpfen in grüner Meerrettichsauce

Karpfen ist der Lieblingsfisch in Polen. Er wird traditionell an Weihnachten gegessen.

Zutaten für 4 Personen

700 g Karpfen, enthäutet und filetiert
3 EL Mehl
1 Ei, geschlagen
120 g Semmelbrösel
Sonnenblumenöl zum Frittieren
Salz und frisch gemahlener Pfeffer
Zitronenschnitze zum Servieren

Für die Sauce

15 g frischer Meerrettich, fein gerieben
1 Prise Salz
150 ml Crème double
1 Bündel Brunnenkresse, fein gehackt
2 EL Schnittlauch, frisch gehackt
2 hart gekochte Eier, fein gehackt (nach Belieben)

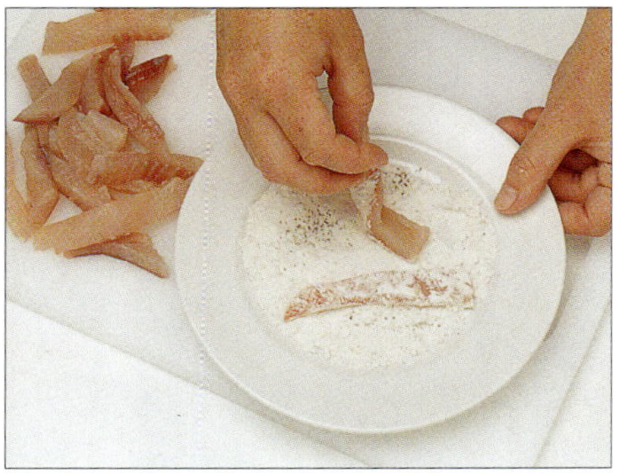

1 Karpfen in dünne, etwa 6 cm lange Streifen schneiden. Mehl mit Salz und Pfeffer würzen. Fischstreifen in dieser Mischung wälzen, dann ins Ei tauchen und zum Schluss in die Semmelbrösel.

2 In einer Pfanne etwa 1 cm hoch Öl erhitzen. Fischstücke portionsweise 3–4 Minuten goldbraun frittieren. Auf Küchenpapier entfetten und warm halten, bis alle Fischstücke fertig sind.

3 Für die Sauce Meerrettich, Salz, Crème double und Brunnenkresse in einem Topf aufkochen, 2 Minuten sieden. Schnittlauch und Ei dazugeben. Sauce zum Fisch reichen.

Kabeljau mit Meerrettichsauce

Wenn man Fisch in Sauce gart, wird er besonders saftig. In diesem Rezept aus der Ukraine wird noch eine andere Sauce zum Fisch serviert.

Zutaten für 4 Personen

4 dicke Kabeljaufilets oder -steaks
1 EL Zitronensaft
2 EL Butter
25 g gesiebtes Mehl
150 ml Milch, 150 ml Fischbrühe
Salz und frisch gemahlener Pfeffer
Petersilie zum Garnieren, Bratkartoffeln und gebratener Lauch zum Servieren

Für die Meerrettichsauce

2 EL Tomatenmark
2 EL frisch geriebener Meerrettich
150 ml saure Sahne

1 Backofen auf 180° / Umluft 160° / Gas Stufe 2 vorheizen. Fischstücke nebeneinander in eine gefettete ofenfeste Form legen und mit Zitronensaft beträufeln.

2 Butter in einem Topf schmelzen. Mehl einrühren und unter Rühren 3–4 Minuten köcheln, bis es goldbraun ist. Von der Herdplatte ziehen.

3 Milch langsam hinzugießen, danach die Brühe unterrühren. Salzen und pfeffern. Mischung aufkochen lassen und 3 Minuten unter Rühren köcheln lassen.

4 Sauce über den Fisch gießen und Fisch 20–25 Minuten im Ofen garen. Zur Garprobe Fisch an der dicksten Stelle einschneiden: Er sollte nicht mehr glasig sein.

5 Inzwischen für die Sauce Tomatenmark, Meerrettich und saure Sahne in einem kleinen Topf vermischen. Langsam aufkochen lassen und 1 Minute köcheln.

6 Meerrettichsauce in eine Servierschüssel gießen. Fisch heiß servieren. Mit Petersilie garnieren und mit Bratkartoffeln und gebratenem Lauch servieren.

Zander in Aspik

Dieses russische Rezept mit seiner glänzenden Gurken-Aspikhülle ist ein echtes Highlight bei besonderen Feierlichkeiten.

Zutaten für 8–10 Personen

1 ganzer Zander (etwa 2,5 kg)
2 EL Sonnenblumenöl
2 Lorbeerblätter
8 Pfefferkörner
1 Zitrone, in Scheiben geschnitten
300 ml Weißwein
1 Päckchen Gelatinepulver
2 Gurken, in dünne Scheiben geschnitten
Salz und frisch gemahlener Pfeffer
Dill und Zitronenschnitze zum Garnieren
Majonäse zum Servieren

1 Zander unter kaltem Wasser waschen. Mit einer scharfen Schere die Flossen abschneiden. Fisch innen mit Salz und Pfeffer würzen. Die Haut mit dem Öl bepinseln, damit er beim Garen nicht austrocknet.

2 Fisch auf einen Rost legen, diesen in eine Bratreine stellen. Lorbeer, Pfeffer, Zitronenscheiben, Wein und so viel Wasser dazugeben, dass der Fisch ganz bedeckt ist.

3 Mit eingeölter Alufolie bedecken. Flüssigkeit aufkochen lassen und 10 Minuten köcheln lassen. Herdplatte ausschalten und Zander - noch mit Alufolie bedeckt - abkühlen lassen. Abgekühlten Fisch häuten, Kopf und Schwanz dranlassen.

4 Den Aspik nach Packungsanleitung mit kochendem Wasser anrühren. Etwas abkühlen lassen, dann großzügig auf dem Zander verteilen.

5 Die Gurkenscheiben dicht nebeneinander auf den Zander legen. Nochmals mit Aspik bestreichen. Aspik fest werden lassen. Zander auf eine Servierplatte legen und mit Dill und Zitronenschnitzen garnieren. Dazu Majonäse servieren.

Hecht mit Wildpilzen

Die Hechtfamilie ist in den Flüssen Europas zahlreich vertreten. Hechtfleisch ist fest und weiß und hat ein feines, frisches Aroma. In diesem Rezept aus der Tschechischen Republik wird Hecht in einer sahnigen Paprikasauce gegart.

Zutaten für 4–6 Personen

1 ganzer Hecht (etwa 1,5 kg)
120 g Butter
120 g Zwiebeln, in feine Ringe geschnitten
220 g gemischte Wildpilze, grob zerkleinert
1 EL Paprikapulver
1½ TL Mehl
250 ml saure Sahne
¼ grüne Paprikaschote, fein gehackt
Salz und frisch gemahlener Pfeffer

1 Backofen auf 180° / Umluft 160° / Gas Stufe 2 vorheizen. Den Fisch waschen, enthäuten und filetieren. Gräten und Haut in einen großen Topf geben. Mit kaltem Wasser bedecken und aufkochen lassen. Hitze reduzieren, Salz und Pfeffer dazugeben und 30 Minuten köcheln lassen.

2 Filets auf ein gefettetes Backblech legen, salzen und pfeffern.

3 Übrige Butter in einem Topf schmelzen, Zwiebeln hineingeben. 3–4 Minuten dünsten, Pilze hinzufügen. Diese 2–3 Minuten dünsten, dann Paprika darüber streuen.

4 Fischbrühe durch ein Sieb gießen, 250 g Brühe entnehmen und zur Zwiebel-Pilzmischung gießen. Mehl mit saurer Sahne verrühren und hinzufügen. Sauce über den Fisch gießen

5 Alles 30 Minuten im Backofen dünsten. Grüne Paprika kurz vor dem Servieren darüber streuen.

Weihnachtskarpfen

Dieses Gericht wird in der Tschechischen Republik am 24. Dezember gegessen. Dort kauft man einen lebendigen Karpfen, der bis zum Verwenden in frischem Wasser lebt - meist in der Badewanne.

Zutaten für 4 Personen

4 EL Butter
1 Zwiebel, in Ringe geschnitten
2 Möhren, gewürfelt
2 kleine Petersilienwurzeln, gewürfelt
1/4 Sellerieknolle, gewürfelt
Saft von 1 Zitrone
50 ml Rotweinessig
175 ml dunkles Bier
8 schwarze Pfefferkörner
1/2 TL Piment und 1 Lorbeerblatt
1 TL frisch gehackter Thymian
Ingwer (etwa 2 cm), frisch gerieben
1 Stück Zitronenschale
3 Scheiben Pumpernickel, zu Bröseln zerkleinert
2 EL Mehl
1 EL Zucker
40 g Rosinen, 6 Trockenpflaumen
2 EL grob gehackte Haselnüsse und Mandeln
4 dicke Steaks vom Karpfen
Salz und frisch gemahlener Pfeffer
Schnittlauch zum Garnieren
Knödel und Brot zum Servieren

1 2 EL Butter in einer feuerfesten Kasserolle schmelzen. Zwiebel darin 2-3 Minuten braten, Möhren, Petersilienwurzeln und Sellerie dazugeben. 5 Minuten andünsten.

2 Zitronensaft, Rotweinessig und dunkles Bier dazugießen. Gemüse mit Wasser bedecken.

3 Pfefferkörner, Piment, Lorbeer, Thymian, Ingwer, Zitronenschale, Salz und Pfeffer in eine Schüssel geben. Pumpernickelbrösel unterrühren, zum Gemüse geben. 15 Minuten köcheln lassen.

4 Inzwischen 2 EL Butter in einem kleinen Topf schmelzen. Mehl einstreuen. 1-2 Minuten köcheln, dann Zucker hinzugeben, köcheln, bis der Zucker karamellisiert.

5 Brühe aus der Kasserolle nach und nach unter die Mehlmischung rühren. Diese Mischung zum Gemüse in die Kasserolle gießen. Rosinen, Pflaumen und Nüsse dazugeben, mit Salz und Pfeffer abschmecken.

6 Fischsteaks auf das Gemüse legen und 12-15 Minuten garen. Zum Servieren Fisch auf Tellern anrichten, Gemüse, Nüsse und Trockenfrüchte durch ein Sieb gießen und daneben legen. Sauce kochen, bis sie eindickt. Gericht mit Schnittlauch garnieren und mit Sauce, Knödeln und Brot servieren.

Fischgulasch

Dieses Gulasch aus Ungarn ist eine Mischung zwischen Suppe und Eintopf. Traditionell legt man pikante rote Spitzpaprika in die Mitte des Tellers und gießt den Eintopf darauf.

Zutaten für 6 Personen

2 kg gemischter Süßwasserfisch
4 große Zwiebeln, in Ringe geschnitten
2 Knoblauchzehen, zerdrückt
½ Sellerieknolle, gewürfelt
einige Petersilienstängel
2 EL Paprikapulver
1 grüne Paprikaschote, entkernt und klein geschnitten
1-2 EL Tomatenmark
Salz und frisch gemahlener Pfeffer
6 EL saure Sahne und 3 rote Spitzpaprika (nach Belieben) zum Servieren

1 Fische enthäuten und filetieren, Fleisch in große Stücke schneiden. Fischköpfe, Haut und Gräten in einen großen Topf geben. Zwiebel, Gewürze, Knoblauch, Sellerie, Petersilienstängel, Paprika und Salz dazugeben. Mit Wasser bedecken, aufkochen lassen und dann 1¼-1½ Stunden sanft köcheln lassen. Fertige Brühe durch ein feines Sieb gießen.

2 Fisch und grüne Paprikaschote in eine Bratpfanne geben. Brühe dazugießen. Tomatenmark mit Brühe anrühren und in die Pfanne gießen.

3 Alles erhitzen, nicht rühren, sonst zerfällt der Fisch. 10-12 Minuten bei schwacher Hitze köcheln. Mit Salz und Pfeffer abschmecken. In Suppenteller oder -schüsseln geben und mit saurer Sahne und - nach Belieben - Spitzpaprika garnieren.

Fischkroketten

Dieses Rezept findet man schon in ungarischen Kochbüchern aus dem 17. Jahrhundert.

Zutaten für 3–4 Personen

400 g Fischfilet ohne Haut (z. B. Barsch, Hecht oder Karpfen)
1 Weizenmehlbrötchen
5 EL Milch
2 EL frisch gehackte Petersilie
2 Eier, gut verschlagen
50 g Mehl
50 g feine Semmelbrösel
Öl zum Braten
Salz und frisch gemahlener Pfeffer
gebratene Petersilienstängel, Zitronenschnitze und Paprikapulver zum Servieren

1 Fisch in der Küchenmaschine oder im Mixer grob zerkleinern. Brötchen in der Milch 10 Minuten einweichen, dann ausdrücken. Fisch und Brötchen vermischen, dann die gehackte Petersilie, 1 Ei, Salz und Pfeffer dazugeben.

2 Die Mischung mit den Händen zu etwa 6 cm langen und 2 cm dicken Kroketten formen.

3 Die Kroketten vorsichtig zuerst im Mehl, dann im zweiten Ei und zum Schluss in den Semmelbröseln wälzen.

4 Öl in einem Topf erhitzen und die Kroketten bei mittlerer Hitze goldbraun braten. Auf Küchenpapier entfetten. Mit Petersilienstängeln und Zitronenschnitzen garnieren. Mit Paprika bestäuben und servieren.

Heilbutt in Rahmsauce

Hier wird Heilbutt mit Speck und Wein gekocht - ein köstliches Rezept aus Polen.

Zutaten für 4 Personen

1 kleine Zwiebel, gehackt
4 Petersilienstängel
1 Lorbeerblatt
6 schwarze Pfefferkörner
150 ml Weißwein
8 magere Scheiben Räucherspeck
4 Steaks vom Heilbutt (je 250 g)
2 TL Mehl
1 EL weiche Butter
$^1/_4$ TL Salz
1 Prise Paprikapulver
120 ml Crème double, leicht geschlagen
2 EL geriebener Parmesan
Salbeiblätter zum Garnieren
Parmesan, Paprika und Zitrone zum Servieren

1 Backofen auf 180° / Umluft 160° / Gas Stufe 2 vorheizen. Zwiebel, Petersilie, Lorbeerblatt, Pfefferkörner und Wein in einem Topf aufkochen lassen, dann zugedeckt 15 Minuten köcheln lassen. Abkühlen.

2 Räucherspeck in einer Pfanne ohne Fett rösten, bis er braun wird. Fischsteaks in eine gefettete, flache ofenfeste Form legen. Speckscheiben darauf verteilen.

3 Wein durch ein Sieb zum Fisch gießen, Zwiebel, Gewürze und Kräuter sollten dabei im Sieb bleiben. Gericht im Ofen 12-15 Minuten dünsten, bis der Fisch durchgegart ist.

4 Speck herausholen und beiseite stellen. Die Kochflüssigkeit vom Fisch durch ein Sieb in einen kleinen Topf gießen und aufkochen lassen.

5 Mehl und Butter in einer Schüssel zu einer Creme rühren. Zur Brühe gießen und 3-4 Minuten köcheln. Mit Salz und Paprika abschmecken. Crème double zur Sauce rühren.

6 Fischsteaks auf Teller verteilen. Sauce über den Fisch gießen und geriebenen Parmesan darauf streuen. Unter den vorgeheizten Grill stellen und 3-4 Minuten bei mittlerer Hitze grillen, bis der Parmesan braun wird. Mit klein geschnittenen Speckstreifen und Salbeiblättern garnieren. Parmesan, Zitronenscheiben und Paprikapulver dazu reichen.

Gebackener Karpfen

Karpfen ist in Ungarn reichlich vorhanden und sehr beliebt. Das Fleisch ist relativ fest und schmeckt leicht süßlich - hier wird es mit Speck und Lorbeerblättern gewürzt.

Zutaten für 4–6 Personen

450 g Kartoffeln, geschrubbt
120 g Räucherspeck
1 ganzer Karpfen (etwa 1 kg), gehäutet, filetiert und in etwa 7 cm große Stücke geschnitten
8-12 Lorbeerblätter
1 EL Pflanzenöl
1 Zwiebel, längs geschnitten
1 EL Paprikapulver
2 grüne Paprikaschoten, entkernt und klein geschnitten
1 große Tomate, in Scheiben geschnitten
3 EL geschmolzene Butter
150 ml saure Sahne
Salz
Lorbeerblätter zum Garnieren

1 Backofen auf 180° / Umluft 160° / Gas Stufe 3 vorheizen. Kartoffeln mit Schale in kochendem Salzwasser 15-20 Minuten kochen. Kartoffeln abgießen und in Scheiben schneiden.

2 Inzwischen Speck in Streifen schneiden. Fischfilets einschneiden und Speck und Lorbeerblätter in die Einschnitte stecken.

3 Kartoffeln in eine gut gefettete Auflaufform legen und salzen.

4 Zwiebelstücke im Pflanzenöl 1-2 Minuten anbraten. Paprikapulver unterrühren. Zwiebeln auf den Kartoffelscheiben verteilen.

5 Tomatenscheiben und Paprika auf die Zwiebeln legen. Darauf die Fischfilets verteilen. Etwas salzen.

6 Geschmolzene Butter über den Fisch gießen. Im Ofen 30 Minuten backen. Saure Sahne dazugießen und nochmals 15 Minuten backen. Mit Lorbeerblättern garniert servieren.

Mariniertes Fischsteak

In Ungarn wird dieses Rezept meistens mit Hecht zubereitet.

Zutaten für 6 Personen

6 Fischsteaks (je 200 g), z. B. Hecht, Karpfen oder Thunfisch
6 EL geschmolzene Butter
50 ml trockener Sherry
Salz und frisch gemahlener Pfeffer

Für die Marinade

400 ml Wasser
150 ml Weinessig, 150 ml Fischbrühe
1 Zwiebel, in dünne Ringe geschnitten
6 weiße Pfefferkörner, ½ TL Piment
2 Nelken, 1 Lorbeerblatt, 1 EL Dill
2 EL Kapern, abgetropft und gehackt
2 Gewürzgurken, gewürfelt
120 ml Olivenöl
Salat, Gewürzgurken, Brot zum Servieren

1 Backofen auf 180° / Umluft 160° / Gas Stufe 2 vorheizen. Fischsteaks in eine ofenfeste Form legen und mit der Butter bepinseln. Sherry darüber gießen. Mit Salz und Pfeffer würzen und 20–25 Minuten garen, bis der Fisch zart ist. Abkühlen lassen.

2 Inzwischen Wasser, Essig, Fischbrühe, Zwiebel, Gewürze und

Lorbeerblatt in einem Topf 20 Minuten kochen. Abkühlen, Kapern, Dill, Öl und Gewürzgurken dazugeben.

3 Marinade über den abgekühlten Fisch in der Form gießen.

4 Form mit Klarsichtfolie abdecken und Fisch 24 Stunden im Kühlschrank marinieren. Gelegentlich mit der Marinade begießen. Mit grünem Salat, Gewürzgurken und Pumpernickel oder Vollkornbrot servieren.

Kabeljau in Senfsauce

In der Ostsee gibt es große Kabeljaubestände, und mit seinem festen Fleisch ist der Kabeljau sehr beliebt. In diesem Rezept aus Polen wird aus der Brühe eine Senfsauce gemacht – eine leichtere Variante zu den früher verbreiteten Mehlsaucen.

Zutaten für 4 Personen

900 g Kabeljaufilets
1 Zitrone
1 kleine Zwiebel, in Ringe geschnitten
2 EL frisch gehackte Petersilienblättchen (Stängel beiseite legen)
6 Pimentkörner
6 schwarze Pfefferkörner
1 Nelke
1 Lorbeerblatt
$1^{1}/_{2}$ l Wasser
2 EL körniger Senf
6 EL Butter
Salz und frisch gemahlener Pfeffer
Lorbeerblätter zum Garnieren
gekochte Kartoffeln und Möhren zum Servieren

1 Fisch auf einen Teller legen. Zwei dünne Streifen Zitronenschale abschneiden, dann Zitrone auspressen. Saft auf den Fischfilets verteilen.

2 Zitronenschale in eine große Bratpfanne geben, Zwiebel, Petersilienstängel, Piment, Pfefferkörner, Nelke und Lorbeerblatt dazugeben.

3 Wasser dazugießen und aufkochen lassen, dann zugedeckt 20 Minuten köcheln lassen. Fisch hineinlegen und zugedeckt bei sehr schwacher Hitze 10 Minuten ziehen lassen.

4 250 ml Kochflüssigkeit in einen Topf schöpfen und köcheln lassen, bis sie auf die Hälfte reduziert ist. Senf unterrühren.

5 Butter nach und nach zur eingekochten Brühe geben. Mit Salz und Pfeffer abschmecken.

6 Fisch aus der Brühe nehmen und auf angewärmte Teller verteilen. Etwas Sauce darüber gießen, den Rest extra dazu reichen. Fisch mit Petersilie und Lorbeer garnieren und mit Kartoffeln und Möhren servieren.

Fisch im Teigmantel

Die Teighülle erhält Aroma und Fleischsaft des Fisches - eine traditionelle Kochmethode in Rumänien.

Zutaten für 4–6 Personen

1 Meeräsche (etwa 1 kg), enthäutet und gesäubert
grobes Meersalz
Fenchelgrün zum Garnieren
Zitronenschnitze und Zucchini-Dill-Salat zum Servieren

Für den Teigmantel

220 g Mehl, gesiebt
¼ TL Salz
7 g Trockenhefe (Tütchen)
1 Ei, geschlagen
100-120 ml Milch, verdünnt mit warmem Wasser

1 Backofen auf 180° / Umluft 160° / Gas Stufe 2 vorheizen. Fisch mit Küchenpapier trockentupfen und innen und außen salzen. Fisch zugedeckt kalt stellen.

2 Mehl und Salz in eine Schüssel geben, Trockenhefe untermischen. In die Mitte eine Mulde drücken. Ei mit verdünnter Milch vermischen, dann die Hälfte in die Mehlmulde gießen. Zu einem weichen Teig kneten.

3 Teig auf einer leicht bemehlten Arbeitsfläche weich kneten. Teig in zwei Portionen teilen, eine etwas größer als die andere.

4 Die kleinere Teigmenge auf einer leicht bemehlten Arbeitsfläche zu einem langen Oval ausrollen, das rundherum je 5 cm größer ist als der Fisch. Teig auf ein eingefettetes Backblech legen. Fisch darauf legen.

5 Zweite Teigportion ausrollen, auch hier wieder 5 cm zugeben. Teig auf den Fisch legen. Teigränder mit verdünnter Milch bepinseln und zusammendrücken. Mit einem Messer ein Muster in den Teig ritzen. Teig 30 Minuten gehen lassen.

6 Teig mit dem übrigen geschlagenen Ei bepinseln. Oben in den Teig ein kleines Loch stechen, damit Dampf entweichen kann. Fisch 25-30 Minuten backen, bis der Teig goldbraun und aufgegangen ist. Mit Fenchelblättern garnieren und mit Zitronenschnitzen und einem Zucchinisalat mit Dillsamen servieren.

Schwertfisch-Spieße

Schwertfisch kommt im Mittelmeer, im Schwarzen und im Kaspischen Meer vor. Das feste Fleisch eignet sich gut zum Grillen, aber auch zum Pochieren und Backen. Dieses Rezept ist auf der Balkanhalbinsel verbreitet.

Zutaten für 4 Personen

1 kg Schwertfisch ohne Haut
1 TL Paprikapulver und Paprikapulver zum Garnieren
4 EL Zitronensaft
3 EL Olivenöl
6 frische Lorbeerblätter
4 kleine Tomaten
2 grüne Paprikaschoten, entkernt und in 2 cm große Stücke geschnitten
2 Zwiebeln, geviertelt
Salz und frisch gemahlener Pfeffer
Salatblätter, saure Sahne, Gurkensalat und Limettenschnitze zum Servieren

Für die Sauce

120 ml gutes Olivenöl
Saft von 1 Zitrone
4 EL frisch gehackte Petersilie
Salz und frisch gemahlener Pfeffer

1 Schwertfisch in 3 cm große Würfel schneiden und in eine Form legen.

2 Paprika, Zitronensaft, Olivenöl, Salz und Pfeffer vermischen, über den Fisch gießen. 2 Lorbeerblätter zerkleinern und auf den Fisch geben. Fisch zugedeckt im Kühlschrank mindestens 2 Stunden marinieren.

3 Fischwürfel in der Marinade vorsichtig zweimal wenden.

4 Anschließend Fisch, Gemüse und je ein Lorbeerblatt auf vier Spieße stecken.

5 Unter dem vorgeheizten Grill oder auf dem Holzkohlengrill grillen. Hin und wieder mit Marinade bestreichen. Fischspieße einmal umdrehen.

6 In einer Schüssel Öl, Zitronensaft, Petersilie, Salz und Pfeffer so lange rühren, bis die Sauce eindickt. In eine Schüssel geben. Spieße auf Salatblättern anrichten und mit der Petersiliensauce servieren. Dazu reicht man saure Sahne mit Paprikapulver, Gurkensalat und Limettenschnitze.

Tipp: Lassen Sie das Wurzelende der Zwiebeln beim Schälen dran, dann fallen die Zwiebelviertel nicht auseinander. Statt Schwertfisch schmeckt auch Heilbutt oder Kabeljau.

Gegrillte Forelle

Heute kommt die Regenbogenforelle hauptsächlich aus Zuchten. Doch ursprünglich war sie ein weit verbreiteter Fisch in den Flüssen und Seen der Balkanhalbinsel. Das rosa Fleisch ist so wohlschmeckend, dass man nicht viele weitere Zutaten braucht.

Zutaten für 4 Personen

4 EL geschmolzene Butter
1 TL frisch gehackter Dill
1 TL frisch gehackte Petersilie
4 Forellenfilets
4 EL Zitronensaft
Salz und frisch gemahlener Pfeffer
junge rote Mangoldblätter und Petersilie zum Garnieren

1 Butter, Dill, Petersilie, Salz und Pfeffer vermischen.

2 Fischfilets von beiden Seiten mit der Butter bestreichen. Fisch unter den vorgeheizten Grill stellen.

3 Fischfilets 5 Minuten grillen, vorsichtig wenden. Übrige Butter aufstreichen, 3-4 Minuten grillen.

4 Vor dem Servieren mit Zitronensaft beträufeln. Mit Mangoldblättern und Petersilie garnieren.

Fischpäckchen

Dieses Rezept von der Adriaküste hat eine lange Tradition: Die Fischer packten ihren frisch gefangenen Fisch in Blätter oder Papier, das sie mit Wasser befeuchteten. Dann wurde das Päckchen in die heiße Asche eines offenen Feuers gelegt und mit glühenden Kohlen zugedeckt.

Zutaten für 4 Personen

4 kleine Seebarsche (je 400 g)
Saft von 1 Zitrone
4 EL geschmolzene Butter
einige Stängel Petersilie oder Dill
½ Fenchelknolle, in Scheiben geschnitten
Salz und frisch gemahlener Pfeffer
Maisbrot und ein Tomaten-Gurkensalat zum Servieren

1 Backofen auf 180° / Umluft 160° / Gas Stufe 2 vorheizen bzw. den Grill vorbereiten. Kopf, Schwanz, Flossen und Schuppen entfernen. Fisch waschen und trockentupfen. Mit Salz, Pfeffer und Zitronensaft würzen.

2 Je ein großes Stück Pergamentpapier oder festes Backpapier doppelt legen. Fisch mit der geschmolzenen Butter bestreichen und in die Mitte des Pergamentpapiers legen. Mit Kräutern und Fenchel belegen.

3 Fisch locker in das Papier wickeln und die Ränder umknicken und festdrücken. Die anderen drei Fische ebenso verpacken. Fische im Ofen 15-20 Minuten garen bzw. 20-30 Minuten grillen.

4 Fische auf Teller verteilen und das Papier aufschlagen. Mit übrigen Kräutern garnieren und mit Maisbrot und einem Tomaten-Gurkensalat servieren.

Fischeintopf mit Zwiebeln

Der Eintopf aus Bulgarien schmeckt mit Kabeljau oder Meeräsche.

Zutaten für 4 Personen

3 EL Olivenöl
4 Zwiebeln, in dünne Ringe geschnitten
1 TL Meersalz, 3 EL Wasser
3 Knoblauchzehen, zerdrückt
1 Lorbeerblatt, 6 Pimentkörner
½ TL Paprikapulver
4 Tomaten, entkernt und klein geschnitten
120 ml trockener Weißwein und 3 EL Weißwein
4 Kabeljausteaks (je 175 g), gehäutet
Zitronensaft zum Beträufeln
8 Zitronenscheiben
Salz und frisch gemahlener Pfeffer
1 EL gehackte Petersilie zum Garnieren
Brot zum Servieren

1 Backofen auf 180° / Umluft 160° / Gas Stufe 2 vorheizen. Öl, Zwiebeln, Meersalz und Wasser in einen Topf geben, gut verrühren und zugedeckt bei schwacher Hitze 45 Minuten köcheln.

2 Knoblauch dazugeben und kurz köcheln. Dann Lorbeerblatt, Piment, Paprika, Tomaten, 120 ml Weißwein, Salz und Pfeffer dazugeben. 10-15 Minuten köcheln, dabei gelegentlich umrühren. Pimentkörner und Lorbeerblatt herausnehmen.

3 Eine Lage Zwiebelgemüse in eine ofenfeste Form geben. Fischsteaks darauf legen. Mit Zitronensaft beträufeln, Salz und Pfeffer darauf streuen.

4 Den übrigen Weißwein dazugeben und auf jedes Fischsteak 2 Zitronenscheiben legen. Übriges Zwiebelgemüse mit der Flüssigkeit auf dem Fisch verteilen.

5 Im Ofen 15-20 Minuten backen, bis die Sauce eindickt und der Fisch gar ist. Mit Petersilie garnieren und mit Brot servieren.

Tipp: Wer Zeit hat, kann den Fisch 1-2 Stunden in Zitronensaft, Salz und Pfeffer zugedeckt in einer Glas- oder Plastikschüssel marinieren.

Pochierter Karpfen mit Kümmel

Karpfen ist der beliebteste Süßwasserfisch in den Balkanländern, und er ist in Flüssen und Seen reichlich vorhanden. Außerdem ist er einfach zuzubereiten. Meist wird er auf den Märkten lebend verkauft. Kaufen Sie Karpfen von etwa 1,5-1,75 kg. Größere Fische können faserig sein.

Zutaten für 4 Personen

4 Karpfenfilets (je 175–200 g)
1 EL Kümmel, grob zerdrückt
3 EL Butter
2 EL frisch gehackter Schnittlauch
1 Zwiebel, in Ringe geschnitten
Saft von 1 Zitrone
175 ml trockener Weißwein
Salz und frisch gemahlener Pfeffer
Dill und Minze zum Garnieren
Polenta und grüne Bohnen zum Servieren

1 Fischfilets abwaschen und mit Küchenpapier trockentupfen. Mit Salz und Pfeffer würzen, Kümmel in das Fischfleisch drücken.

2 Die Hälfte der Butter in einer großen Pfanne schmelzen. Die Hälfte vom Schnittlauch, die Zwiebel, Zitronensaft und Wein hineingeben. Aufkochen lassen, Hitze reduzieren und 10-12 Minuten sanft köcheln.

3 Fisch hineinlegen und 10 Minuten pochieren. Fischfilets mit einem Fischheber vorsichtig herausnehmen und auf Tellern warm halten.

4 Brühe einkochen lassen. Übrige Butter dazugeben. Salzen und pfeffern. Sauce über den Fisch geben und mit dem übrigen Schnittlauch bestreuen. Mit den Kräutern garnieren und mit Polenta und grünen Bohnen servieren.

Tipp: Sparen Sie nicht beim Kümmel, er sorgt für das besondere Aroma.

Fisch-Kartoffel-Topf

Für diesen Eintopf aus Bulgarien eignet sich jeder feste Fisch, z. B. Schwertfisch oder Thunfisch.

Zutaten für 4 Personen

3 EL Olivenöl
1 Zwiebel, fein gehackt
2 Knoblauchzehen, zerdrückt
3 EL Tomatenmark
3 reife Tomaten, entkernt und klein gehackt
1 EL Essig
1 Lorbeerblatt
1 EL frisch gehackte Petersilie
600 ml gute Fischbrühe
700-900 g gemischte Fischfilets, in 6 cm große Stücke geschnitten
700 g Kartoffeln, geschält und in Würfel geschnitten
2 EL saure Sahne
Salz und frisch gemahlener Pfeffer
Petersilie, Lorbeerblätter und abgeriebene Zitronenschale zum Garnieren

1 Olivenöl in einem großen Topf erhitzen. Zwiebel und Knoblauch 2-3 Minuten andünsten. Tomatenmark, Tomaten, Essig, Lorbeerblatt und Petersilie dazugeben. Gut umrühren. Brühe dazugießen und aufkochen.

2 Fisch in den Topf legen. Brühe wieder aufkochen, dann Hitze reduzieren und alles 30 Minuten köcheln, gelegentlich rühren.

3 Kartoffeln in Salzwasser 20 Minuten kochen. Abgießen und gut abtropfen lassen. Wieder in den Topf geben. Sahne und Pfeffer dazugeben. Mit dem Kartoffelstampfer oder einer Gabel zu Kartoffelbrei zerdrücken.

4 Fisch mit Salz und Pfeffer abschmecken. Mit Kartoffelbrei auf Teller oder in Schüsseln geben. Mit Petersilie, Lorbeerblatt und Zitronenschale garnieren.

Makrelen in Weißweinsauce

Eine Weißweinsauce passt perfekt zur Makrele. Das Rezept stammt von der Adriaküste.

Zutaten für 4 Personen

4 Makrelen, filetiert, Schwanz nicht abschneiden
50 ml Olivenöl
2 Zwiebeln, klein geschnitten
3 Knoblauchzehen, fein gehackt
400 g geschälte Tomaten (Dose)
250 ml trockener Weißwein
Salz und frisch gemahlener Pfeffer
Zitronenschnitze und Petersilie zum Garnieren
Brot zum Servieren

1 Backofen auf 200° / Umluft 180° / Gas Stufe 3 vorheizen. Fischfilets mit Küchenpapier trockentupfen.

2 In einer ofenfesten Form Öl erhitzen und Zwiebeln in 3-4 Minuten weich dünsten. Knoblauch unterrühren und 2 Minuten mitdünsten.

3 Tomaten, Salz und Pfeffer dazugeben und unterrühren.

4 Zwei Makrelenfilets mit der Hautseite nach oben vorsichtig in die Sauce legen. 5 Minuten auf einer Seite garen, herausnehmen, warm halten. Die anderen Filets genauso kochen. Filets mit einem Fischheber mit der gegarten Seite nach oben in vier ofenfeste Formen legen. Fisch in der Mitte falten (siehe Foto) und mit Tomatensauce begießen.

5 Wein auf die vier Formen verteilen. Formen mit Alufolie abdecken. Makrelen im Backofen 25 Minuten garen. Mit Zitronenschnitzen und Petersilie garnieren und mit Brot servieren.

Gefüllter Karpfen

Dieses Rezept aus Rumänien sollten Sie am 6. Dezember zubereiten: St. Nikolaus ist der Schutzheilige der Fischer.

Zutaten für 6–8 Personen

1 Karpfen (etwa 1 1/2 kg), geschuppt, gesäubert, Eier beiseite legen
grobes Meersalz

Für die Füllung

175 ml Walnussöl
700 g Zwiebeln, in Ringe geschnitten
1 TL Paprikapulver, 1 Prise Zimt
175 g Walnüsse, gehackt
1 EL frisch gehackte Petersilie
2 TL Zitronensaft
2 Tomaten, in Scheiben geschnitten
250 ml Tomatensaft
Salz und frisch gemahlener Pfeffer
gehackte Walnüsse und Fenchelgrün zum Garnieren

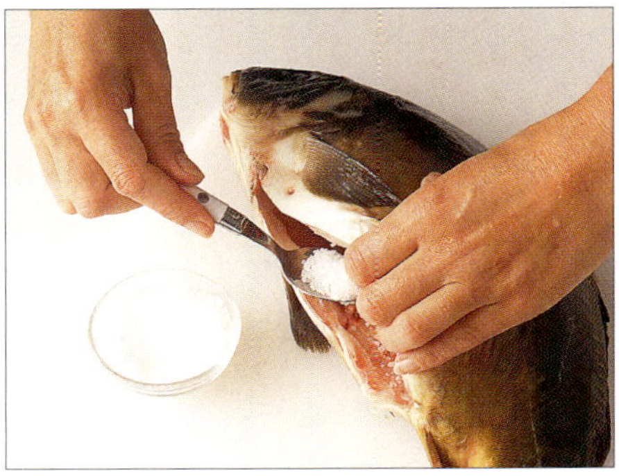

1 Backofen auf 180° / Umluft 160° / Gas Stufe 2 vorheizen. Den Fisch innen mit etwas Meersalz bestreuen.

2 In einer Pfanne Öl erhitzen, Zwiebeln, Paprika und Zimt 5-6 Minuten dünsten, bis die Zwiebeln weich sind.

3 Fischeier von allen Häutchen befreien und grob hacken.

4 Fischeier und Walnüsse in der Bratpfanne unter ständigem Rühren 5-6 Minuten andünsten. Abkühlen lassen, Petersilie und Zitronensaft dazugeben. Salzen und pfeffern.

5 Die Hälfte der Füllung in den Bauch des Karpfens geben. Bauch mit Holzstäbchen zustecken. Übrige Füllung in eine ofenfeste Form geben, dann den Karpfen darauf legen.

6 Tomatenscheiben auf dem Fisch verteilen. Tomatensaft darüber geben. Im Ofen 30-45 Minuten backen, bis der Fisch leicht gebräunt und gar ist.

7 Karpfen auf eine Servierplatte heben. Holzstäbchen herausziehen. Fisch mit Walnussstücken und Fenchelgrün garnieren.

Gefüllter Red Snapper

Ein wirklich ausgefallenes Rezept von der Balkanhalbinsel: Red Snapper wird mit Karpfen, Schafskäse und Gewürzgurken gefüllt.

Zutaten für 4 Personen

4 kleine Red Snapper (je etwa 450 g), filettiert, geschuppt, Köpfe und Flossen entfernt
Saft von 1 Zitrone
350 g Fischfilet ohne Haut, z. B. Karpfen oder Hecht
1 Eiweiß
1 TL gehackter Estragon
1 Gewürzgurke, fein gehackt
40 g Semmelbrösel
40 g Schafskäse, zerkrümelt
Salz und frisch gemahlener weißer Pfeffer
2 EL geschmolzene Butter
Estragon- oder Bergfenchelblätter und essbare Blüten zum Garnieren
Zitronenschnitze zum Servieren

1 Backofen auf 180° / Umluft 160° / Gas Stufe 2 vorheizen. Red Snapper auswaschen und mit Küchenpapier trockentupfen. Innenseite mit Salz und Zitronensaft einreiben.

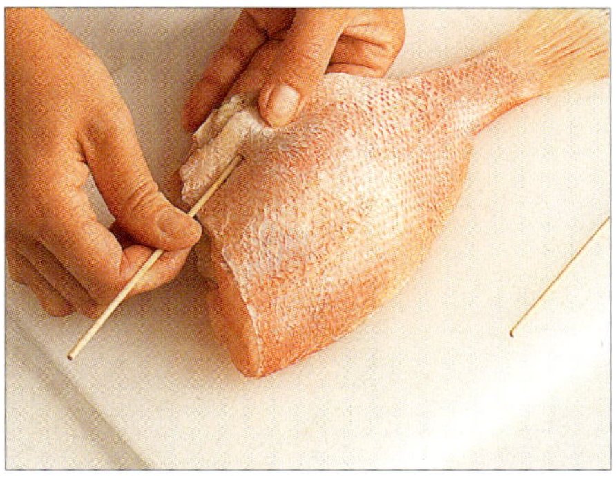

2 Karpfen- oder Hechtfilets in der Küchenmaschine mit Eiweiß, Estragon, Gewürzgurke, Semmelbröseln, Schafskäse und etwas weißem Pfeffer zu einer glatten Paste mixen.

3 Mit einem Löffel Füllung in die Fischbäuche geben. Gefüllte Fische in eine ofenfeste Form legen.

4 Fischbäuche mit Saté-Spießchen zustecken. Fische im Ofen 40–50 Minuten backen. Nach 20 Minuten geschmolzene Butter darauf geben.

5 Fische vorsichtig auf eine Servierplatte legen. Mit frischem Estragon oder Bergfenchel und essbaren Blüten garnieren. Mit Zitronenschnitzen servieren.

Gemüse, Nudeln, Reis und Getreide

Gemüse in Russland, Polen und der Ukraine spiegeln das kalte Klima wider: Kohl- und Wurzelgemüse sind die Favoriten. Die großen Wälder sorgen für viele Pilze. Getreide wie Buchweizen, Roggen und Gerste sind verbreitet. Überraschend ist die Vielzahl an gefüllten Nudeln und Knödeln. In der tschechischen und ungarischen Küche werden viele Hülsenfrüchte gegessen. Je südlicher man sich bewegt, desto milder wird das Klima: Die Märkte der Balkanhalbinsel bieten Auberginen, Zucchini, Gurken und Tomaten für köstliche Gemüsegerichte und Salate feil.

Kartoffelküchlein

Kartoffeln sind in Polen zwar nicht ganz so populär wie Getreide, aber einige leckere Rezepte wurden seit ihrer Einführung im 18. Jahrhundert kreiert.

Zutaten für 4 Personen

450 g Kartoffeln, geschält und in große Würfel geschnitten
2 EL Butter
1 kleine Zwiebel, gehackt
3 EL saure Sahne
2 Eigelbe
25 g Mehl
1 Ei, geschlagen
25 g Semmelbrösel
Salz und frisch gemahlener Pfeffer

1 Backofen auf 180° / Umluft 160° / Gas Stufe 2 vorheizen. Kartoffeln in Salzwasser 20 Minuten kochen. Abgießen, mit dem Kartoffelstampfer zerdrücken. Einige Minuten abkühlen lassen. Inzwischen Butter in einem kleinen Topf schmelzen und Zwiebel 10 Minuten weich dünsten.

2 Butter und Zwiebel zum Kartoffelbrei geben. Sahne und Eigelbe unterrühren.

3 Mehl über den Kartoffelbrei sieben und dann gut untermischen. Salzen und pfeffern. Kartoffelbrei zu etwa 16 Bällchen formen, diese dann flach drücken, so dass sie etwa 6 cm Durchmesser haben.

4 Die Kartoffelküchlein auf ein leicht gefettetes Backblech legen und mit Ei einpinseln. Semmelbrösel darauf streuen. 30 Minuten im Ofen backen, bis sie goldbraun sind.

Kartoffelknödel mit Quarkfüllung

Diese knusprigen Kartoffelknödel aus Russland – „Pampuschki" – haben eine Quark-Schnittlauch-Füllung.

Zutaten für 4 Personen
650 g Kartoffeln, geschält
250 g fertiger Kartoffelbrei
½ TL Salz
75 g Quark
2 EL frisch gehackter Schnittlauch
frisch gemahlener Pfeffer
Öl zum Frittieren

1 Rohe Kartoffeln grob reiben. So viel Wasser wie möglich ausdrücken. Kartoffeln mit Kartoffelbrei, Salz und Pfeffer in einer Schüssel vermischen. In einer anderen Schüssel Quark und Schnittlauch verrühren.

2 Mit einem Löffel und den Händen etwas Kartoffelmischung zu einer Kugel formen (etwas kleiner als ein Ei). Zu einem Kreis flach drücken.

3 1 TL Füllung in die Mitte des Kreises geben, die Ränder darüber falten, so dass wieder ein Bällchen daraus wird. Insgesamt 12 Knödel so zubereiten.

4 Öl auf 170° erhitzen. Knödel 10 Minuten frittieren, bis sie braun und knusprig sind. Auf Küchenpapier entfetten und heiß servieren.

Tipp: Pampuschki sind auch eine feine Suppeneinlage: Geben Sie 1 EL Mehl und 1 geschlagenes Ei zum Kartoffelteig. Lassen Sie die Knödel 20 Minuten in der Brühe ziehen.

Ukrainische Nudelecken

Dies ist eines der populärsten Gerichte in der Ukraine - es geht schnell und einfach, ist preiswert und macht satt. Die „Galuschki" sind Nudeln sehr ähnlich, man macht sie mit Mehl, Buchweizenmehl, Maismehl oder Kartoffeln.

Zutaten für 4 Personen

220 g Mehl und Mehl für die Arbeitsfläche
1/4 TL Salz
2 EL geschmolzene Butter
2 Eier, geschlagen
1 Würfel Gemüsebrühe
120 g Räucherspeck, klein geschnitten, zum Servieren

1 Mehl und Salz in eine Schüssel sieben. Butter und Eier dazugeben, alle Zutaten zu einem Teig rühren.

2 Teig auf einer bemehlten Arbeitsfläche glatt kneten. In Klarsichtfolie verpackt 30 Minuten ruhen lassen, dann auf der bemehlten Arbeitsfläche 1/2 cm dick ausrollen und in 2 cm große Quadrate schneiden. Auf einem bemehlten Teller 30 Minuten trocknen lassen.

3 Brühwürfel in kochendem Wasser auflösen. Galuschki hineingeben und bei schwacher Hitze 10 Minuten köcheln lassen, bis sie gar sind. Abgießen und gut abtropfen lassen.

4 Inzwischen den Räucherspeck in einer nicht haftenden Pfanne ohne Fett 5 Minuten rösten, bis er knusprig braun ist. Speck über die Galuschki geben und servieren.

Käseklößchen

Ein ebenfalls sehr einfaches Rezept aus der Ukraine. Käseklößchen werden als Suppeneinlage, als Beilage zu Fleisch oder als kleine Mahlzeit gereicht.

Zutaten für 4 Personen

120 g Mehl
1/4 TL Backpulver
2 EL Butter
25 g Schafskäse, fein zerkrümelt
2 EL frisch gehackte Kräuter
4 EL kaltes Wasser
Salz und frisch gemahlener Pfeffer
Petersilienstängel zum Garnieren

Zum Bestreuen

3 EL Butter
50 g trockene Semmelbrösel

1 Mehl und Backpulver in eine Schüssel sieben. Butter mit den Händen unterarbeiten.

2 Schafskäse und Kräuter untermischen. Mit Salz und Pfeffer abschmecken. Kaltes Wasser dazugeben, dann die Mischung zu einem festen Teig verrühren. Den Teig zu 12 Bällchen formen.

3 Salzwasser aufkochen. Klößchen hineingeben und bei schwacher Hitze 20 Minuten ziehen lassen.

4 Butter in einer Pfanne schmelzen, Semmelbrösel hineingeben und goldbraun braten. Klößchen mit dem Schaumlöffel aus dem Wasser nehmen, auf Teller geben und mit Semmelbröseln bestreuen. Mit Petersilie garniert servieren.

Russisches Gemüseomelett

Dieses Gericht - „Drachena" - ist eine Mischung zwischen Omelett und Pfannkuchen. Der Teig wird auch als Basis für ein Dessert verwendet. Dafür wird dann Zucker oder Honig dazugegeben.

Zutaten für 2–3 Personen

1 EL Olivenöl
1 Bund Frühlingszwiebeln, in Scheiben geschnitten
1 Knoblauchzehe, zerdrückt
4 Tomaten, geschält, entkernt, gehackt
3 EL Vollkornroggenmehl
4 EL Milch, 150 ml saure Sahne
4 Eier, geschlagen
2 EL frisch gehackte Petersilie
2 EL geschmolzene Butter
Salz und frisch gemahlener Pfeffer
grüner Salat zum Servieren

1 Backofen auf 180° / Umluft 160° / Gas Stufe 2 vorheizen. Öl in einer Pfanne erhitzen, Frühlingszwiebeln bei schwacher Hitze 3 Minuten braten. Knoblauch dazugeben und 1-2 Minuten kochen, bis die Frühlingszwiebeln weich sind.

2 Frühlingszwiebeln und Knoblauch in einer leicht gefetteten Quicheform von 20 cm Durchmesser verteilen. Tomatenwürfel darauf geben.

3 Mehl und Milch in einer Schüssel glatt rühren. Nach und nach saure Sahne und dann die Eier dazurühren. Petersilie und Butter unterrühren. Mit Salz und Pfeffer würzen.

4 Eimischung über das Gemüse gießen. Im Backofen 40-45 Minuten backen, bis kaum mehr Flüssigkeit austritt, wenn man das Omelett mit einem Messer einschneidet.

5 Das Omelett mit einem Messer vom Rand der Form lösen. In Stücke schneiden und sofort mit grünem Salat servieren.

Graupen-Gemüsetopf

Graupen sind geschälte oder ungeschälte Gerstenkörner und gehören zu den ältesten kultivierten Getreidesorten. Dieser Graupeneintopf mit Wurzelgemüse ist ein Winteressen in der Ukraine.

Zutaten für 4 Personen

220 g Perlgraupen
2 EL Sonnenblumenöl
1 große Zwiebel, gehackt
2 Selleriestangen, klein geschnitten
2 Möhren, in Scheiben geschnitten
220 g weiße Rüben, in 2 cm große Würfel geschnitten
220 g Kartoffeln, in 2 cm große Würfel geschnitten
500 ml Gemüsebrühe
Salz und schwarzer Pfeffer
Sellerieblättchen zum Garnieren

1 Graupen in ein Litermaß geben und so viel Wasser angießen, dass es bis zur 600-ml-Markierung reicht. An einem kühlen Ort über Nacht weichen lassen.

2 Öl in einem großen Topf erhitzen und Zwiebel 5 Minuten anbraten. Sellerie und Möhren dazugeben und 3–4 Minuten braten, bis die Zwiebel braun wird.

3 Perlgraupen mit der Einweichflüssigkeit dazugeben. Weiße Rüben, Kartoffeln und Brühe in den Topf geben. Mit Salz und Pfeffer abschmecken. Aufkochen lassen, dann Hitze reduzieren und Topf zudecken.

4 Eintopf 40 Minuten köcheln lassen, bis die Graupen den Großteil der Brühe aufgesaugt haben und weich sind. Gegen Ende der Kochzeit öfters rühren, damit sie nicht am Topfboden kleben. Eintopf mit Sellerieblättchen garnieren und servieren.

Buchweizen-Kascha

„Kascha“ ist eine Beilage aus Russland, die aus unterschiedlichem Getreide gemacht wird: Weizen, Gerste, Hirse oder Hafer. Am beliebtesten ist Buchweizen mit seinem nussigen Aroma.

Zutaten für 4 Personen

175 g Buchweizen
750 ml kochende Gemüsebrühe
2 EL Butter
1 Prise Muskatnuss, frisch gemahlen
120 g Räucherspeck, klein geschnitten
Salz und frisch gemahlener Pfeffer

1 Buchweizen in einer Pfanne ohne Fett 2 Minuten rösten, bis er etwas dunkler wird. Brühe dazugießen.

2 Buchweizen in der Brühe 15–20 Minuten sanft köcheln lassen, öfters rühren. Wenn der Buchweizen fast die ganze Brühe aufgesogen hat, Pfanne von der Herdplatte ziehen.

3 Butter dazugeben, Muskatnuss, Salz und Pfeffer unterrühren. Topf zugedeckt 5 Minuten stehen lassen.

4 Inzwischen Räucherspeck in einer Pfanne ohne Fett 5 Minuten knusprig goldbraun rösten. Speck auf dem Kascha verteilen.

Hirse mit Pilzen

Dieses Gericht wurde früher über offenem Feuer von den Kutschern in der ukrainischen Steppe gekocht.

Zutaten für 4 Personen

220 g Hirse
600 ml Gemüsebrühe
120 g Räucherspeck, klein geschnitten
1 EL Olivenöl
1 kleine Zwiebel, in dünne Ringe geschnitten
220 g kleine Pilze, in Scheiben geschnitten
1 EL frisch gehackte Minze
Salz und frisch gemahlener Pfeffer

1 Hirse in einem Sieb mit kaltem Wasser abspülen. Mit Brühe in einen Topf geben, aufkochen, zugedeckt 30 Minuten sanft köcheln, bis die Hirse die Brühe aufgesogen hat.

2 Räucherspeck in einer Pfanne ohne Fett 5 Minuten knusprig braten. Beiseite stellen.

3 Öl in die Pfanne geben und Zwiebeln und Pilze darin 10 Minuten dünsten, bis sie braun werden.

4 Räucherspeck, Zwiebeln und Pilze zur Hirse geben. Minze unterrühren, mit Salz und Pfeffer abschmecken. Nochmals 1–2 Minuten erhitzen und sofort servieren.

Rote-Bete-Eintopf

Dieses vegetarische Gericht aus Russland kann als leichte Mahlzeit serviert werden oder als Beilage zu Hühner- und Wildbraten.

Zutaten für 4 Personen (für 8 Personen als Beilage)

4 EL Butter
1 Zwiebel, fein gehackt
2 Knoblauchzehen, zerdrückt
700 g rohe Rote Bete, geschält
2 große Möhren, ½ Zitrone
120 g kleine Pilze
300 ml Gemüsebrühe, 2 Lorbeerblätter
1 EL frisch gehackte Minze und Minze zum Garnieren (nach Belieben)
Salz und frisch gemahlener Pfeffer

Für die Sauce

150 ml saure Sahne
½ TL Paprikapulver und Paprikapulver zum Garnieren

1 Butter in einem Topf schmelzen. Zwiebel und Knoblauch darin 5 Minuten anbraten. Inzwischen Rote Bete und Möhren würfeln. Schale von ½ Zitrone ganz dünn abreiben und Saft auspressen. Rote Bete, Möhren und Pilze in den Topf geben und 5 Minuten braten.

Tipp: Tragen Sie beim Vorbereiten der Roten Bete Gummihandschuhe, sonst werden Ihre Hände rot!

2 Brühe, Zitronenschale und Lorbeerblätter dazugeben, salzen und pfeffern. Aufkochen, Hitze reduzieren und alles 1 Stunde köcheln lassen, bis das Gemüse weich ist.

3 Herdplatte abschalten. Zitronensaft und Minze unterrühren. Eintopf 5 Minuten zugedeckt stehen lassen, damit sich die Aromen verbinden.

4 Für die Sauce saure Sahne und Paprika sanft erhitzen, dabei ständig rühren. Rote Bete in eine Schüssel geben. Wenn die Sahne blubbert, von der Herdplatte nehmen und über die Roten Bete gießen. Mit Paprikapulver garnieren, nach Belieben mit Minze bestreuen.

Gefüllte Pilznudeln

In Polen heißen diese Teigtaschen „Uschka“, was so viel bedeutet wie kleine Ohren. Sie werden entweder als Suppeneinlage gegessen oder als kleines Gericht. Dann werden sie mit etwas Butter und frisch gehackten Kräutern serviert.

Zutaten für 20 Stück

75 g Mehl und Mehl für die Arbeitsfläche
1 Prise Salz
2 EL frisch gehackte Petersilie
1 Eigelb
40 ml kaltes Wasser
frische Petersilie zum Garnieren
klare Suppe oder geschmolzene Kräuterbutter zum Servieren

Für die Füllung

2 EL Butter
1/2 kleine Zwiebel, sehr fein gehackt
50 g Champignons, sehr fein gehackt
1 Eiweiß
1 EL Semmelbrösel
Salz und frisch gemahlener Pfeffer

1 Mehl und Salz in eine Schüssel sieben. Petersilie, Eigelb und Wasser dazugeben und alles zu einem Teig verrühren. Teig auf einer bemehlten Arbeitsfläche kneten, bis er glatt ist.

2 Für die Füllung Butter in einem Topf schmelzen. Zwiebel und Pilze darin bei schwacher Hitze 10 Minuten weich dünsten. Beiseite stellen und abkühlen lassen.

3 Eiweiß mit einer Gabel ganz leicht schlagen. 1 EL Eiweiß zu den Pilzen geben, Semmelbrösel, Salz und Pfeffer ebenfalls unterrühren.

4 Teig sehr dünn auf einer bemehlten Arbeitsfläche ausrollen. Mit einem scharfen Messer oder einem Teigschneider in etwa 4 cm große Quadrate schneiden. Diese mit dem übrigen Eiweiß bestreichen.

5 Etwa 1/2 TL Pilzfüllung auf jedes Teigquadrat geben. Die Teigstücke zu Dreiecken falten.

6 Salzwasser oder Brühe aufkochen. Die Nudeln nacheinander ins kochende Wasser geben und 5 Minuten bei schwacher Hitze ziehen lassen. Abgießen, zur Suppe geben oder mit Kräuterbutter begießen.

Gurkensalat

Dieser Salat aus der Ukraine ist eine beliebte Beilage im Sommer. Durch das Salzen der Gurken vor dem Verwenden wird ihnen Flüssigkeit entzogen. Das macht das Fruchtfleisch fester. Vergessen Sie aber nicht, die Gurken gut abzuspülen.

Zutaten für 6–8 Personen

2 Gurken, in sehr dünne Scheiben geschnitten
1 TL Salz
3 EL frisch gehackter Dill
1 EL Weißweinessig
150 ml saure Sahne
frisch gemahlener Pfeffer
1 Dillzweig zum Garnieren

1 Gurkenscheiben in ein Sieb geben und mit Salz bestreuen. Etwa 1 Stunde ruhen lassen. Dann die Gurkenscheiben gut mit kaltem Wasser abspülen. Mit Küchenpapier trockentupfen.

2 Gurkenscheiben in eine Schüssel geben, Dill dazugeben und gut vermischen.

3 In einer anderen Schüssel Essig zur sauren Sahne rühren, die Mischung mit Salz und Pfeffer abschmecken.

4 Saure Sahne über die Gurken gießen und Salat 1 Stunde kalt stellen. In eine Servierschüssel geben und mit Dill garniert servieren.

Rote-Bete-Selleriesalat

Rohe Rote Bete sind richtig knackig! In diesem Salat aus Russland wird ihr besonderes Aroma durch das Cidre-Dressing noch hervorgehoben.

Zutaten für 4–6 Personen

450 g rohe Rote Bete, geschält und gerieben
4 Selleriestangen, klein geschnitten
2 EL Apfelsaft
frische Kräuter zum Garnieren

Für das Dressing

3 EL Sonnenblumenöl
1 EL Cidre-Essig
4 Frühlingszwiebeln, in feine Scheiben geschnitten
2 EL frisch gehackte Petersilie
Salz und frisch gemahlener Pfeffer

1 Rote Bete, Sellerie und Apfelsaft in einer Schüssel vermischen.

2 Zutaten für das Dressing in einer kleinen Schüssel mit einer Gabel verrühren, bis sie gut vermischt sind. Die Hälfte zum Gemüse geben.

3 Das übrige Dressing über das Gemüse gießen. Salat mindestens 2 Stunden marinieren lassen, damit die Aromen sich entfalten können. Mit frischen Kräutern garniert servieren.

Weiße Bohnen nach Somogy-Art

Dieses Rezept aus Ungarn schmeckt als kleines Gericht oder als Beilage zu Hähnchenbraten.

Zutaten für 6–8 Personen

450 g getrocknete weiße Bohnen, über Nacht eingeweicht
1 Lorbeerblatt
220 g magerer Räucherspeck
1 EL Pflanzenöl
1 Zwiebel, sehr fein gehackt
2 Knoblauchzehen, zerdrückt
1 EL Mehl
1-2 EL Essig
1 Prise Zucker
120 ml saure Sahne
Salz und frisch gemahlener Pfeffer
Salbeiblätter und Paprikapulver zum Garnieren

1 Eingeweichte Bohnen abgießen und gut abtropfen lassen.

2 Bohnen, Lorbeerblatt, Speck und Wasser in einem Topf mit Wasser bedecken. $1\frac{1}{2}$ Stunden kochen, bis die Bohnen weich sind. Speck aus dem Topf holen und abkühlen lassen, dann in Würfel schneiden. Bohnen abgießen, dabei 150 ml Kochflüssigkeit aufheben.

3 Öl in eine Pfanne geben, Zwiebel, Knoblauch und Mehl darin kurz braten. 120 ml Kochflüssigkeit dazugeben und alles gut vermischen.

4 Bohnen, Speck und Zwiebel in einem Topf gut vermischen

5 Essig, Zucker und saure Sahne in den Topf geben. Mit Salz und Pfeffer abschmecken. Falls nötig, noch etwas Kochflüssigkeit dazugeben. Mit Salbei und Paprika garniert servieren.

Tipp: Salz erst gegen Ende der Kochzeit zu den Bohnen geben, sonst werden sie hart.

Paprika-Tomaten-Gemüse

Dieses Rezept stammt aus Ungarn und heißt dort „Lecso". Es ist üppig und schmackhaft genug, um eine vegetarische Hauptspeise zu sein. Es passt aber auch als Beilage zu Fleisch, Geflügel und Fischgerichten. Oft wird „Lecso" auch püriert und als Basis für andere Gerichte, z. B. Eintöpfe, verwendet.

Zutaten für 4 Personen (für 8 Personen als Beilage)

5 grüne Paprikaschoten
2 EL Pflanzenöl
1 Zwiebel, in Ringe geschnitten
450 g reife Tomaten, geschält und klein geschnitten
1 EL Paprikapulver,
Zucker und Salz nach Geschmack
gegrillte Räucherspeckstreifen zum Garnieren
Brot zum Servieren

1 Paprikaschoten waschen, Kerne und Trennwände entfernen, Paprika in dünne Streifen schneiden.

2 Öl in einer Pfanne erhitzen. Zwiebel bei schwacher Hitze 5 Minuten dünsten, bis sie weich ist.

3 Paprikastreifen dazugeben und 10 Minuten mitdünsten.

4 Tomaten und Paprikapulver dazugeben. Mischung mit etwas Zucker und Salz abschmecken.

5 Gemüse bei schwacher Hitze 20–25 Minuten köcheln. Mit den gegrillten Speckstreifen garnieren und mit Brot servieren.

Tipp: Wer möchte, gibt 150 g Salami zum Gemüse.

Rotkohlgemüse

Am besten bereiten Sie diese köstliche Beilage aus Ungarn einen Tag im Voraus zu.

Zutaten für 6–8 Personen

3 dicke Scheiben Räucherspeck, klein geschnitten
1 große Zwiebel, gehackt
1 großer Rotkohl, klein geschnitten
3 Knoblauchzehen, zerdrückt
1-2 EL Kümmel
120 ml Wasser
2 feste reife Birnen, entkernt und zerkleinert
Saft von 1 Zitrone
500 ml Rotwein
3 EL Rotweinessig
150 g flüssiger Honig
Salz und frisch gemahlener Pfeffer
Kümmel und frischer Schnittlauch zum Garnieren

1 Räucherspeck ohne Fett in einem großen Topf bei schwacher Hitze 5-10 Minuten goldbraun rösten.

2 Zwiebel unterrühren und 5 Minuten mitdünsten.

3 Kohl, Knoblauch, Kümmel und Wasser dazugeben und zugedeckt 8-10 Minuten kochen.

4 Mit Salz und Pfeffer würzen. Birnen, Zitronensaft, Rotwein und Rotweinessig dazugeben und 10-15 Minuten kochen. Honig unterrühren.

5 Falls nötig, Rotkohl noch kurz ohne Deckel köcheln, damit etwas Flüssigkeit verdampft: Die Menge sollte etwa um ein Drittel reduziert sein. Mit Schnittlauch und Kümmel garnieren und servieren.

Gefüllte Paprikaschoten

Dieses Rezept stammt ursprünglich aus Bulgarien, ist aber in vielen Varianten auf der Balkanhalbinsel verbreitet. Es schmeckt als leichte Mahlzeit mit einem Salat oder als Vorspeise mit einem Glas Weißwein.

Zutaten für 2 Personen (für 4 Personen als Vorspeise)

4 längliche Paprikaschoten
50 g Mehl, mit Salz und Pfeffer gewürzt
1 Ei, geschlagen
Olivenöl zum Braten
Gurken-Tomatensalat zum Servieren

Für die Füllung

1 Ei, geschlagen
100 g Schafskäse, fein zerkrümelt
2 EL frisch gehackte Petersilie
1 kleine Chilischote, entkernt und fein gehackt

1 Paprikaschoten längs so aufschneiden, dass sie vom Strunk zusammengehalten werden. Samen und Trennwände entfernen.

2 Paprikaschoten auseinander biegen und mit der Hautseite nach oben unter dem vorgeheizten Grill grillen, bis die Haut Blasen wirft und schwarz wird. Paprikaschoten mit Klarsichtfolie abgedeckt 10 Minuten ruhen lassen.

3 Mit einem scharfen Messer die Paprikaschoten vorsichtig schälen.

4 In einer Schüssel alle Zutaten für die Füllung verrühren. Füllung auf die vier Paprikaschoten verteilen.

5 Paprikaschoten zusammenlegen. Im gewürzten Mehl wenden, dann im Ei und danach wieder im Mehl.

6 Paprikaschoten in Olivenöl bei schwacher Hitze 6–8 Minuten braten, bis die Füllung fest wird. Auf Küchenpapier entfetten und mit einem Gurken-Tomatensalat servieren.

Auberginen-Pilz-Gemüse

In diesem Rezept aus Bulgarien werden Auberginen auf eine für uns recht ungewöhnliche Art verwendet. Lassen Sie sich überraschen!

Zutaten für 4–6 Personen

2 Auberginen
120 g Butter
220 g Champignons, in Scheiben geschnitten
120 ml kräftige Rinderbrühe
250 ml Crème double
4 EL frisch gehackte Petersilie
Salz und frisch gemahlener weißer Pfeffer
saure Sahne zum Servieren (nach Belieben)

1 Auberginen mit einem Messer schälen und in etwa 7 cm lange und 5 mm dicke Stäbchen schneiden.

2 Auberginen auf einem Küchentuch großzügig mit Salz bestreuen.

3 Auberginen mit dem Küchentuch zugedeckt 30 Minuten ruhen lassen. Mit dem Tuch die Feuchtigkeit aus den Auberginen drücken.

4 Butter in einer großen Bratpfanne erhitzen. Auberginen und Pilze 10 Minuten dünsten. Rinderbrühe dazugießen und alles 15 Minuten köcheln lassen, gelegentlich rühren.

5 Mit Salz und weißem Pfeffer abschmecken, dann die Crème double dazugießen. Wieder erhitzen, aber nicht mehr aufkochen lassen. 3 EL Petersilie einrühren. Gericht in eine Servierschüssel geben und mit der übrigen Petersilie garnieren. Nach Belieben mit saurer Sahne servieren.

Tipp: Wer möchte, gibt Auberginen und Pilze nach den ersten 10 Minuten Garzeit in den Mixer und püriert sie. Anschließend geht es weiter mit der Rinderbrühe wie oben im Rezept.

Zucchini mit Reis

Dieses Rezept zeigt den italienischen Einfluss auf die Küche des Balkans. Es ist in Kroatien und Slowenien sehr verbreitet.

Zutaten für 4 Personen (für 8 Personen als Beilage)

1 kg kleine bis mittelgroße Zucchini
4 EL Olivenöl
3 Zwiebeln, fein gehackt
3 Knoblauchzehen, zerdrückt
1 EL Chilipulver
400 g geschälte Tomaten (Dose)
200 g Risottoreis
600-700 ml Gemüse- oder Hühnerbrühe
2 EL frisch gehackte Petersilie
2 EL frisch gehackter Dill
Salz und frisch gemahlener weißer Pfeffer
Dillzweige und Oliven zum Garnieren
Naturjogurt zum Servieren

1 Backofen auf 180° / Umluft 160° / Gas Stufe 2 vorheizen. Die Zucchini von den Enden befreien und schräg in dicke Scheiben schneiden.

2 2 EL Olivenöl in einer Pfanne erhitzen und Zwiebeln und Knoblauch bei schwacher Hitze weich dünsten. Chilipulver und Tomaten dazugeben und 5-8 Minuten köcheln lassen, dann die Zucchini dazugeben. Mit Salz abschmecken.

3 Bei schwacher Hitze 10-15 Minuten köcheln, dann den Reis in die Pfanne geben.

4 Brühe dazugießen und alles zugedeckt 45 Minuten köcheln lassen, bis der Reis weich ist. Gelegentlich umrühren.

5 Pfanne von der Herdplatte nehmen, Pfeffer, Petersilie und Dill dazugeben. Mischung in eine ofenfeste Form geben und 45 Minuten backen.

6 Nach etwa 20 Minuten Backzeit 2 EL Öl über die Mischung tröpfeln. Mit Dill und Oliven garnieren und mit Jogurt servieren.

Tomatenauflauf aus Thrakien

Ein ganz typisches Rezept aus dem Süden von Bulgarien. Dort wird es während der Ernte, der heißesten Zeit des Jahres, gegessen.

Zutaten für 4 Personen

3 EL Olivenöl
3 EL frisch gehackte Petersilie
1 kg feste, reife Tomaten
1 TL Streuzucker (extra fein)
40 g Semmelbrösel
1/2 TL Chilipulver oder Paprikapulver
Salz
Petersilie zum Garnieren
Brot zum Servieren

1 Backofen auf 200° / Umluft 180° / Gas Stufe 3 vorheizen. Eine ofenfeste Form mit 1 EL Olivenöl auspinseln. Gehackte Petersilie auf dem Boden der Form verteilen.

2 Tomaten in gleichmäßig dicke Scheiben schneiden, die halbrunden Endstücke nicht verwenden. Tomatenscheiben überlappend in die Form legen. Mit etwas Salz und Zucker bestreuen.

Variante: Sie können die Hälfte der Tomaten durch 450 g Zucchini ersetzen. Diese in Scheiben schneiden und abwechselnd mit den Tomaten in die Form schichten.

3 In einer Rührschüssel Semmelbrösel, 2 EL Öl und Chili- oder Paprikapulver vermischen, dann auf den Tomaten verteilen.

4 Auflauf im Ofen 40–50 Minuten backen. Falls er oben zu dunkel wird, mit Alufolie abdecken. Der Auflauf schmeckt heiß oder kalt. Mit Petersilie garnieren und mit Brot servieren.

Bunter Gemüseauflauf aus Bulgarien

Zutaten für 4 Personen

1 Aubergine
120 g Okraschoten, längs halbiert
220 g frische Erbsen (oder gefrorene)
220 g grüne Bohnen, in 2,5 cm lange Stücke geschnitten
4 Zucchini, in 1 cm dicke Scheiben geschnitten
2 Zwiebeln, fein gehackt
450 g Kartoffeln, in 2,5 cm große Würfel geschnitten
1 rote Paprikaschote, entkernt und in Streifen geschnitten
400 g geschälte Tomaten (Dose)
150 ml Gemüsebrühe, 4 EL Olivenöl
5 EL frisch gehackte Petersilie
1 TL Paprikapulver, Salz

Zum Belegen

3 Tomaten, in Scheiben geschnitten
1 Zucchini, in Scheiben geschnitten

1 Backofen auf 180° / Umluft 160° / Gas Stufe 2 vorheizen. Aubergine in etwa 2,5 cm große Würfel schneiden. Alle Gemüsesorten in eine große ofenfeste Auflaufform oder Kasserolle geben.

2 Tomaten, Brühe, Olivenöl, Petersilie, Paprikapulver dazugeben und salzen. Gut verrühren.

3 Oberfläche glatt streichen und Tomaten- und Zucchinischeiben abwechselnd darauf legen.

4 Deckel auflegen bzw. mit Alufolie abdecken. Auflauf 60–70 Minuten im Ofen backen. Heiß oder kalt mit Brot servieren.

Gefüllte Weinblätter

In dieser Variante des griechischen Rezeptes werden Reis, Pinienkerne und Rosinen für die Füllung verwendet.

Zutaten für 40 Stück

40 frische Weinblätter
4 EL Olivenöl
Zitronenschnitze und Salat zum Servieren

Für die Füllung

150 g Langkornreis, abgespült
2 Bündel Frühlingszwiebeln, fein gehackt
40 g Pinienkerne
25 g Rosinen
2 EL frisch gehackte Minze
4 EL frisch gehackte Petersilie
1 TL frisch gemahlener Pfeffer
Salz

1 Mit einem Messer die harten Stängel von den Weinblättern abschneiden. Blätter in einem Topf in kochendem Wasser blanchieren, bis sie dunkler werden. Abgießen und in kaltem Wasser abschrecken.

2 Alle Zutaten für die Füllung in einer Schüssel gut vermischen.

3 Weinblätter mit der glatten Seite nach unten auslegen. Auf jedes Blatt einen Teelöffel Füllung geben.

4 Die seitlichen Ränder des Blattes über die Füllung schlagen, dann das Blatt von der breiten Seite her bis zur Spitze fest aufrollen.

5 Weinblätter in den Dämpfeinsatz eines Topfes legen. Olivenöl darüber träufeln. 50–60 Minuten über heißem Wasser dämpfen, bis der Reis weich ist. Mit Zitronenschnitzen und Salat servieren. Schmeckt kalt als Teil der „Meze“ oder warm als Vorspeise.

Gefüllter Sellerie

Sellerieknollen gehören sicher nicht zu den hübschesten Gemüsesorten, aber deswegen sollte man sie nicht links liegen lassen. Ihr Geschmack erinnert an Stangensellerie und ist wirklich fein. In diesem Rezept aus Rumänien wird Sellerie in einer Mischung aus Olivenöl und Zitronenwasser gekocht.

Zutaten für 4 Personen

4 kleine Sellerieknollen (je 200 g)
Saft von 2 Zitronen
150 ml Olivenöl
Zitronenschnitze und Petersilie zum Garnieren

Für die Füllung

6 Knoblauchzehen, fein gehackt
1 TL schwarze Pfefferkörner, fein gemahlen
4–5 EL frisch gehackte Petersilie
Salz

1 Sellerieknollen mit einem scharfen Messer schälen und sofort in eine Schüssel mit Zitronenwasser legen, damit die Knollen nicht braun werden.

2 Zitronenwasser aufheben. Das innere Fleisch der Sellerieknollen vorsichtig mit einem scharfen Messer herausschneiden. Es sollten rundherum etwa 2 cm Fruchtfleisch übrig bleiben.

3 Das herausgeschnittene Selleriefleisch schnell klein hacken und mit Knoblauch und Pfeffer vermischen. Petersilie dazugeben und mit Salz abschmecken.

4 Füllung in die Sellerieknollen geben. Sellerie - mit der Füllung nach oben - in einen Topf setzen. Olivenöl hineingießen und mit so viel Zitronenwasser auffüllen, dass es bis zur Hälfte der Sellerieknollen reicht.

5 Bei schwacher Hitze 30-40 Minuten köcheln, bis der Sellerie weich ist und viel Kochflüssigkeit aufgesogen hat. Heiß oder kalt in der Kochflüssigkeit servieren. Mit Zitronenschnitzen und Petersilie garnieren.

Mamaliga-Käsekuchen

„Mamaliga" - Maismehl - ist eine sehr vielseitige Zutat in der rumänischen Küche. Hier wird das Mehl erst zu Brei gekocht und dann mit Käse zu einem pikanten Kuchen gebacken.

Zutaten für 4–6 Personen

130 g grob gemahlenes Maismehl
1 l Wasser
50 g Butter
350 g Schafskäse, abgetropft und zerkrümelt
50 g geriebener Kaschkaval-Käse (ersatzweise Pecorino)
Salz und frisch gemahlener Pfeffer
gegrillter Speck, Käse und Frühlingszwiebelstreifen zum Garnieren
Tomatensauce zum Servieren

1 Backofen auf 180° / Umluft 160° / Gas Stufe 2 vorheizen. Maismehl in einem Topf unter Rühren 3-4 Minuten ohne Fett rösten, bis es dunkler wird. Topf vom Herd ziehen.

2 Wasser dazugießen, etwas Salz dazugeben. Topf wieder auf die Herdplatte stellen und rühren, bis das Maismehl etwas eindickt. Zugedeckt bei schwacher Hitze 25 Minuten köcheln, öfters umrühren.

3 Topf von der Herdplatte nehmen, wenn der Maisbrei zu einer zähen Masse eingekocht ist. Butter und Schafskäse unterrühren. Mit Salz und Pfeffer abschmecken.

4 In eine gefettete Springform von 20 cm Durchmesser füllen. 25-30 Minuten backen, bis der Teig fest ist. Über Nacht ruhen lassen. Mit Käse, Speck und Frühlingszwiebeln garniert servieren. Dazu passt Tomatensauce.

Mamaliga-Bällchen

Ein beliebter Snack in Rumänien. Die Bällchen aus Mamaliga werden mit Salamiwürfeln gefüllt. Sie können auch geräucherten Schinken oder Käse verwenden.

Zutaten für 6–8 Personen

250 g fein gemahlenes Maismehl
600 ml Salzwasser
2 EL Butter
120 g Salami, in große Würfel geschnitten
Öl zum Frittieren
Salz und frisch gemahlener Pfeffer
kurz gebratene Tomaten und frisch gehackte Kräuter zum Servieren

1 Maismehl und Wasser in einem schweren Topf vermischen. Unter ständigem Rühren aufkochen, dann 12 Minuten kochen lassen, bis der Brei die richtige Konsistenz hat, um zu Bällchen geformt werden zu können. Butter dazugeben und mit Salz und Pfeffer abschmecken.

2 Mit bemehlten Händen Bällchen in der doppelten Größe von Walnüssen formen. Salamiwürfel in die Mitte geben und dann rund rollen.

3 Bällchen im Öl bei 180° 2-3 Minuten frittieren, bis sie goldbraun sind. Auf Küchenpapier entfetten. Mit gebratenen Tomatenschnitzen und frischen Kräutern servieren.

Kohl-Tomaten-Auflauf

In diesem Gericht aus Rumänien wird ein ganzer Kohl verwendet. Der Strunk gibt viel Geschmack.

Zutaten für 4 Personen

1 Wirsing oder Weißkohl (etwa 700 g)
1 EL Olivenöl
2 EL Wasser
3-4 EL Gemüsebrühe
4 feste reife Tomaten, geschält und klein geschnitten
1 TL Paprikapulver, Salz
1 EL frisch gehackte Petersilie oder Fenchelgrün zum Servieren (nach Belieben)

Für den Belag

3 feste reife Tomaten, in dünne Scheiben geschnitten
1 EL Olivenöl
Salz und frisch gemahlener Pfeffer

1 Backofen auf 180° / Umluft 160° / Gas Stufe 2 vorheizen. Kohlblätter und Strunk klein schneiden. Öl und Wasser in einer Pfanne erhitzen und Kohl dazugeben. Bei sehr schwacher Hitze 5–10 Minuten zugedeckt dünsten. Gelegentlich umrühren.

2 Brühe dazugeben und Tomaten unterrühren. Alles 10 Minuten köcheln. Paprikapulver dazugeben und mit etwas Salz abschmecken.

3 Kohlmischung in eine ofenfeste Form geben. Oberfläche glatt streichen und die Tomatenscheiben darauf verteilen. Salzen und pfeffern und mit Öl bestreichen, damit sie nicht austrocknen. Auflauf 30–40 Minuten backen, bis die Tomaten braun werden. Nach Belieben mit Petersilie oder Fenchelblättchen garnieren und sofort servieren.

Tipp: Rote oder grüne Paprikaschoten passen auch gut zum Kohl. Schneiden Sie 1-2 Paprikaschoten in dünne Streifen und geben Sie sie mit den Tomaten zum Kohl.

Gebackene Zucchini

Zucchini gehören zu den vielseitigsten Gemüsesorten. In diesem Rezept aus Kroatien werden sie vor dem Grillen mit Semmelbröseln bestreut.

Zutaten für 4–6 Personen

6 Zucchini (etwa 1,2 kg)
5 EL Butter
1 Zwiebel, fein gehackt
4 EL Semmelbrösel
Salz
Oliven, Zitronenschnitze und Petersilie zum Garnieren

1 Zucchini (ohne Enden) in 1/2 cm dicke Scheiben schneiden. In kochendem Wasser 5-8 Minuten weich kochen, gut abtropfen lassen.

2 Mit dem Kartoffelstampfer oder Pürierstab die Zucchini im Topf ganz fein zerkleinern.

Tipp: Statt der Zucchini können Sie auch zwei Gemüsekürbisse nehmen. Diese sollten Sie schälen und entkernen.

3 3 EL Butter in einer Bratpfanne schmelzen. Zwiebel hineingeben und so lange dünsten, bis sie weich, aber nicht braun ist. Die pürierten Zucchini dazugeben und 2-3 Minuten mitdünsten. Die Zucchini sollen auch nicht braun werden. Zucchini-Zwiebelmischung salzen und in eine ofenfeste Form geben.

4 Übrige Butter auf den Zucchini verteilen. Semmelbrösel darauf streuen. Unter dem vorgeheizten Grill goldbraun grillen. Mit Oliven, Zitronenschnitzen und Petersilie garniert servieren.

Überbackener Kohlrabi

Kohlrabi gehört zur Kohlfamilie und ähnelt geschmacklich der weißen Rübe. Es gibt hellgrünen und dunkellila Kohrabi. Besonders die jungen Knollen schmecken auch roh, in dünne Scheiben geschnitten und mit etwas Salz bestreut. Dieses Rezept stammt aus Russland. Kaufen Sie mittelgroße Kohlrabiknollen, die großen sind manchmal holzig.

Zutaten für 4 Personen

4 EL Butter
4 mittelgroße Kohlrabi, geschält und klein geschnitten
230 g gekochter Schinken in dicken Scheiben, gewürfelt
2 EL frisch gehackte Petersilie

Für die Sauce

3 Eigelbe
250 ml Crème double
2 EL Mehl
1 Prise Muskatnuss
Salz und frisch gemahlener Pfeffer

1 Backofen auf 180° / Umluft 160° / Gas Stufe 2 vorheizen. Butter in einer großen Bratpfanne schmelzen und Kohlrabi darin bei schwacher Hitze 8–10 Minuten dünsten.

2 Die Hälfte des Kohlrabi in eine gefettete ofenfeste Form geben. Schinken und Petersilie darauf geben, dann übrigen Kohlrabi dazugeben.

3 Alle Zutaten für die Sauce gut verrühren und über den Kohlrabi und Schinken in die Form gießen. 30–35 Minuten im Ofen backen und sofort servieren.

Selleriegemüse

Mit diesem ganz einfachen Rezept aus Kroatien lassen sich auch Kohlrabi, Blumenkohl oder Lauch zubereiten. Den Käse können Sie nach Belieben wählen, er sollte aber nicht zu mild sein. Bergkäse ist ideal.

Zutaten für 4 Personen

4 mittelgroße Selleriestauden
2 EL Butter
250 ml trockener Weißwein
Salz und frisch gemahlener Pfeffer
1 EL frisch gehackte Petersilie zum Garnieren
Geriebener Hartkäse zum Servieren

1 Selleriestauden gründlich waschen und unansehnliche Enden abschneiden. Längs halbieren.

2 Sellerie in reichlich kochendem Salzwasser 5 Minuten blanchieren. Abgießen und sofort mit eiskaltem Wasser abspülen. Mit Küchenpapier trockentupfen.

3 Butter in einer Bratpfanne erhitzen und Sellerie darin 1–2 Minuten braten. Wein dazugießen und aufkochen lassen. Hitze reduzieren, so dass der Wein leise köchelt.

4 Ohne Deckel 5 Minuten köcheln, bis der Sellerie zart ist. Sellerie gut abtropfen lassen und mit Petersilie und schwarzem Pfeffer bestreuen. Käse darüber reiben und servieren.

Desserts, Kuchen, Torten, Gebäck und Brot

Die Länder Osteuropas haben ein großes Repertoire an Desserts und Kuchen, Torten und Brot. Kuchen und Torten werden meist für besondere Anlässe gebacken. Nüsse und Honig werden reichlich verwendet. Zimt, Nelken und Kardamom, Vanille und Zitronenschale würzen Kuchen und Kleingebäck. Überraschen Sie Ihre Gäste mit Desserts, Kuchen, Strudel und Torten von unseren Nachbarn aus dem Osten – die Auswahl reicht von Mousse mit Rosenwasser bis zur üppigen Schokoladentorte.

Osterbrot

Dieses Hefebrot heißt in Russland „Kulich“ und wird an Ostern anstelle von Brot gegessen. Es schmeckt mit Butter und Marmelade.

Zutaten für 4 Personen

500 g Mehl
1 Prise Salz
1 TL Zimtpulver
75 g Streuzucker (extra fein)
50 g Rosinen
50 g Zitronat und Orangeat (gemischt)
50 g Mandeln, klein gehackt
1 Tütchen Trockenhefe
300 ml Milch
4 EL Butter
1 Ei, geschlagen
Butter und Marmelade zum Servieren (nach Belieben)

Für den Zuckerguss

120 g Puderzucker
1 EL Zitronensaft

1 Mehl, Salz und Zimt in eine große Schüssel sieben. Zucker, Rosinen, Zitronat, Orangeat, Mandeln und Trockenhefe dazugeben. In die Mitte eine Mulde drücken.

2 Milch und Butter in einem kleinen Topf erhitzen, bis die Butter schmilzt. Abkühlen lassen. Milch-Butter-Mischung und das Ei (bis auf 1 TL zum Glasieren) in die Mulde geben. Dann alle Zutaten zu einem weichen Teig verrühren.

3 Teig auf einer bemehlten Arbeitsfläche 10 Minuten kneten, bis er elastisch ist. In einer Schüssel an einem warmen Ort 1 Stunde gehen lassen, bis er sich verdoppelt hat.

4 Backofen auf 180° / Umluft 160° / Gas Stufe 2 vorheizen. Eine große zylinderförmige Form oder eine Springform von 20 cm Durchmesser gut fetten und mit Backpapier auslegen. Teig nochmals kräftig kneten. In die vorbereitete Form geben, mit eingeölter Klarsichtfolie zudecken und an einem warmen Ort nochmals gehen lassen.

5 Klarsichtfolie entfernen. Teig mit dem übrigen Ei bepinseln. 50 Minuten backen. Falls die Oberfläche zu dunkel wird, mit Alufolie abdecken. Abkühlen lassen.

6 Puderzucker in eine Schüssel sieben. Zitronensaft dazurühren. Der Guss sollte dickflüssig sein. Guss auf dem „Kulich“ verteilen und fest werden lassen. Mit Butter und Marmelade servieren.

Paschka-Quarkspeise

„Paschka" - das russische Wort für Ostern - ist Namenspate für dieses Dessert aus Quark und kandierten Früchten, das am Ende der Fastenzeit gegessen wird. Traditionell wird es in einer pyramidenförmigen Holzform gemacht, in die das orthodoxe Kreuz geschnitzt wurde. Ein sauberer Blumentopf aus Plastik tut es auch.

Zutaten für 6-8 Personen

120 g kandierte Früchte, fein gehackt
50 g Rosinen
fein abgeriebene Schale und Saft von 1 Zitrone
1 TL Vanillearoma
700 g Quark
2 EL Butter
150 ml saure Sahne
50 g Streuzucker (extra fein)
50 g klarer Honig
50 g blanchierte Mandeln, gehackt
kandierte Früchte, Zitronenschale, Honig und Maraschinokirschen zum Garnieren

1 Kandierte Früchte, Rosinen, Zitronenschale und -saft und Vanillearoma in eine kleine Schüssel geben. Verrühren, dann zugedeckt 1 Stunde ziehen lassen.

2 Inzwischen einen Plastikblumentopf von 1,5 l Inhalt mit einer doppelten Schicht Musselin auslegen. Die Enden sollen überhängen.

3 Quark, Butter und saure Sahne in eine Schüssel geben und gut miteinander vermischen. Zucker, Honig, blanchierte Mandeln und eingeweichte Früchte dazugeben und gut verrühren.

4 Mischung in den Blumentopf geben und die Enden des Musselins zur Mitte übereinander legen. Mit einem kleinen Teller zudecken und mit einem Gewicht beschweren. Topf auf einen Teller geben. Paschka über Nacht kalt stellen.

5 Musselin entfalten und „Paschka" auf einen Teller stürzen. Musselin entfernen. Dessert mit kandierten Früchten, Zitronenschale, Honig und Maraschino-Kirschen garnieren.

Polnischer Honigkuchen

Viele Kuchen in Osteuropa werden mit Honig gesüßt und enthalten gemahlene Nüsse und Semmelbrösel statt Mehl. Diese Mischung macht die Kuchen saftig. Dieser Kuchen heißt in Polen „Tort Orzechowy".

Zutaten für 12 Stücke

1 EL geschmolzene Butter, abgekühlt
120 g feine Semmelbrösel
175 g fester Honig und Honig zum Servieren
50 g leichter brauner Zucker
4 Eier, getrennt
120 g Haselnüsse, gehackt und geröstet und Haselnüsse zum Garnieren

1 Backofen auf 180° / Umluft 160° / Gas Stufe 2 vorheizen. Eine

Briocheform von 1,75 l Inhalt mit der Butter einpinseln. 1 EL Semmelbrösel auf der Butter verteilen.

2 Honig in eine Schüssel geben und über einem Wasserbad flüssig werden lassen. Zucker und Eigelbe mit dem Schneebesen unterschlagen, bis alles schaumig ist. Mischung beiseite stellen.

3 Übrige Semmelbrösel mit den Haselnüssen mischen und zur Ei-Honig-Mischung rühren. Eiweiße zu

Eischnee schlagen. Eischnee portionsweise vorsichtig unter die anderen Zutaten heben.

4 Mischung in die Form geben. 40 Minuten backen, bis der Teig goldbraun ist. In der Form 5 Minuten abkühlen lassen, auf ein Kuchengitter stürzen und ganz abkühlen. Mit Nüssen garnieren und mit Honig servieren.

Tipp: Der Kuchen geht beim Backen auf und wird beim Abkühlen wieder flach – kein Grund zur Besorgnis.

Kaffeecreme

Die Polen sind im Gegensatz zu ihren russischen Nachbarn große Kaffeeliebhaber. Sie haben auch dieses köstliche Dessert erfunden.

Zutaten für 4 Personen

6 EL fein gemahlener Kaffee
300 ml Milch
150 ml Schlagsahne
2 Eier, geschlagen
2 EL Streuzucker (extra fein)
geschlagene Sahne und Kakaopulver zum Garnieren

1 Backofen auf 180° / Umluft 160° / Gas Stufe 2 vorheizen. Kaffee in einen Becher geben. Milch erhitzen, bis sie fast kocht. Milch über den Kaffee gießen und 5 Minuten stehen lassen.

2 Mischung wieder in den Topf gießen. Sahne dazugeben und erhitzen, bis die Mischung fast kocht.

3 Eier und Zucker kräftig schlagen. Die heiße Kaffee-Milch-Mischung unter Rühren dazugießen. Die Mischung in ein anderes Gefäß sieben.

4 Durchgesiebte Kaffeecreme in Förmchen von 150 ml Inhalt gießen. Jedes Förmchen mit Alufolie abdecken.

5 Förmchen in eine Backform stellen. Heißes Wasser bis zur halben Höhe der Förmchen dazugießen. 40 Minuten backen, bis die Creme fest wird.

6 Förmchen herausnehmen und Creme abkühlen lassen. 2 Stunden kalt stellen. Mit geschlagener Sahne und Kakaopulver garnieren.

Mandeltorte

Mandeln werden in vielen Kuchen, aber auch in pikanten Gerichten in Polen verwendet. Für die „Tort Migdalowy" werden sie geröstet, was ihr Aroma noch intensiviert.

Zutaten für 8–10 Stücke

75 g blanchierte Mandeln
220 g weiche Butter
220 g Streuzucker (extra fein)
4 Eier, geschlagen
150 g gesiebtes Mehl
1 TL Backpulver

Für Creme und Guss

175 g blanchierte Mandeln
40 g gemahlener Kaffee
75 g siedendes Wasser
150 g Streuzucker (extra fein)
6 EL Wasser
3 Eigelbe
220 g Butter

1 Backofen auf 180° / Umluft 160° / Gas Stufe 2 vorheizen. Drei Backformen von 18 cm Durchmesser einfetten, den Boden mit Backpapier auslegen.

2 Blanchierte Mandeln auf ein Backblech legen, im Ofen 7 Minuten rösten, bis sie goldbraun sind.

3 Mandeln abkühlen lassen, dann in die Küchenmaschine oder den Mixer geben und ganz fein zerkleinern.

4 Butter und Zucker in einer Schüssel so lange rühren, bis die Mischung blass und schaumig ist. Eier nacheinander dazugeben und gut unterschlagen. Geröstete gemahlene Mandeln, Mehl und Backpulver unterrühren.

5 Teig auf die drei Backformen verteilen und 25-30 Minuten backen, bis der Teig aufgegangen ist und sich fest anfühlt. Nach der Hälfte der Backzeit die Kuchen vorsichtig in der Form wenden.

6 Für Creme und Guss blanchierte Mandeln in eine Schüssel geben und mit kochendem Wasser bedecken. Wenn das Wasser kalt ist, Mandeln abtropfen, dann längs mit einem Messer in 4-5 Scheiben schneiden. Auf einem Blech 6-8 Minuten rösten.

7 Gemahlenen Kaffee in einen Becher geben, Wasser dazugeben und ziehen lassen. Zucker mit 6 EL Wasser in einem kleinen schweren Topf erhitzen, bis der Zucker sich

auflöst. 3 Minuten köcheln lassen, bis er über 100° auf einem Zuckerthermometer erreicht.

8 Eigelbe in eine Schüssel geben, Zuckersirup unter Rühren dazugießen. Rühren, bis die Mischung eingedickt ist. Butter weich rühren, Ei-Sirup-Mischung gut unter die Butter rühren.

9 Kaffee durch ein Sieb zum Guss gießen. Mit zwei Dritteln des Gusses die Kuchenplatten verbinden, der Rest kommt obendrauf. Mandelscheibchen auf den Guss geben.

Käsekuchen mit Rosinen

Dieser herrlich saftige Käsekuchen ist eine Spezialität aus der Ukraine und wird dort zu Ostern gebacken.

Zutaten für 8 Stücke

120 g Mehl
4 EL Butter
1 EL Streuzucker (extra fein)
25 g Mandeln, sehr fein gehackt
2 EL kaltes Wasser
1 EL Puderzucker zum Bestreuen

Für die Füllung

120 g Butter
150 g Streuzucker (extra fein)
1 TL Vanillearoma
3 Eier, geschlagen
25 g Mehl, gesiebt
400 g Quark
abgeriebene Schale und Saft von 2 Zitronen
60–70 g Rosinen

1 Mehl in eine Schüssel sieben. Butter in das Mehl kneten. Zucker, Mandeln und Wasser dazugeben, alles zu einem Teig rühren und kurz kneten. In Klarsichtfolie verpackt 30 Minuten ruhen lassen.

2 Backofen auf 200° / Umluft 180° / Gas Stufe 3 vorheizen. Teig zu einem Kreis von 25 cm Durchmesser ausrollen. Boden und Wände einer Tarteform von 20 cm Durchmesser damit auslegen.

3 Teig mehrmals einstechen, mit eingeölter Alufolie zugedeckt 6 Minuten backen und weitere 6 Minuten ohne Folie. Abkühlen. Ofen auf 160° / Umluft 140° / Gas Stufe 1 zurückschalten.

4 Für die Füllung Butter, Zucker und Vanillearoma vermischen. Ein Ei unterrühren. Quark glatt rühren, dann die zwei restlichen Eier und das Mehl mit dem Quark verrühren. Mischung zur Butter geben. Zitronenschale, -saft und Rosinen einrühren.

5 Füllung auf den Teig geben und $1\frac{1}{2}$ Stunden backen. 10 Minuten bei offener Ofentür ruhen lassen. Abgekühlt mit Puderzucker bestreuen.

Polnische Pfannkuchen

Luftig leichte Pfannkuchen werden mit Quark und Sultaninen gefüllt.

Zutaten für 6 Personen

120 g Mehl
1 Prise Salz
1 Prise Muskatnuss und Muskatnuss zum Bestreuen
1 Ei, getrennt
200 ml Milch
2 EL Sonnenblumenöl
2 EL Butter
Zitronenscheiben zum Garnieren

Für die Füllung

220 g Quark
1 EL Streuzucker (extra fein)
1 TL Vanillearoma
50 g Sultaninen

1 Mehl, Salz und Muskatnuss in eine große Schüssel sieben. In die Mitte eine Mulde drücken. Eigelb und 100 ml Milch dazugeben. Zutaten glatt rühren, dann übrige Milch dazugeben.

2 Eiweiß in einer Schüssel zu Eischnee schlagen. Unter den Teig heben.

3 1 TL Sonnenblumenöl und etwas Butter in einer Bratpfanne von 18 cm Durchmesser erhitzen. So viel Teig hineingießen, dass der Boden damit bedeckt ist.

4 Auf jeder Seite 2 Minuten goldbraun backen. Noch weitere 5 Pfannkuchen backen, stapeln und warm halten.

5 Quark, Zucker und Vanillearoma in einer Schüssel verrühren. Sultaninen untermischen. Füllung auf die Pfannkuchen verteilen, falten, mit Muskatnuss bestreuen. Mit Zitronenschnitzen garniert servieren.

Aprikosenschnitten

Frisches Obst ist in Polen im Winter eine Seltenheit. So werden in vielen Rezepten getrocknete Früchte verwendet. Diese Aprikosenschnitten gehören noch heute zu den Lieblingsdesserts in Polen.

Zutaten für 6 Personen

220 g getrocknete Aprikosen, fein gehackt
3 EL Wasser
50 g Streuzucker (extra fein)
50 g gehackte Mandeln
50 g Orangeat, fein gehackt
Puderzucker zum Bestreuen
Schlagsahne zum Servieren
Zimt zum Garnieren

1 Aprikosen und Wasser in einen schweren Topf geben. Zugedeckt 20 Minuten köcheln lassen, bis sie zu einer zähen Masse werden.

2 Zucker unterrühren und 10 Minuten köcheln, bis die Mischung etwas trockener ist. Dabei öfters rühren. Topf von der Herdplatte nehmen, Mandeln und Orangeat untermischen.

3 Ein Stück Backpapier mit Puderzucker bestreuen. Aprikosenmischung darauf legen und mit einem Messer zu einer etwa 5 cm dicken Rolle formen.

4 Aprikosenrolle an einem kühlen Ort mindestens 3 Stunden trocknen lassen. In Scheiben schneiden und mit Schlagsahne und Zimt servieren.

Trockenfrüchtekompott

In der Ukraine gibt es unzählige Obstbäume, und viele Früchte werden für den Winter getrocknet. Dieses Früchtekompott wird traditionell an Heiligabend gegessen. Es ist auch in Russland in verschiedenen Varianten beliebt.

Zutaten für 6 Personen

350 g gemischte Trockenfrüchte (Äpfel, Birnen, Pflaumen, Pfirsiche und Aprikosen)
1 Zimtstange
300 ml Cidre oder Wasser
65 g Rosinen
2 EL klarer Honig
Saft von 1/2 Zitrone
Minze zum Garnieren

1 Trockenfrüchte mit Zimtstange und Cidre oder Wasser in einen großen Topf geben. Langsam zum Kochen bringen, dann Topf zudecken. Früchte 12–15 Minuten bei schwacher Hitze weich kochen.

2 Topf von der Herdplatte nehmen, Rosinen und Honig unterrühren. Topf wieder zudecken und Früchte abkühlen lassen. Zimtstange entfernen, Zitronensaft unterrühren.

3 Kompott in eine Servierschüssel geben, mit Klarsichtfolie abgedeckt bis zum Gebrauch kühl stellen. Vor dem Servieren Kompott wieder auf Zimmertemperatur anwärmen. Mit Minzeblättchen garnieren.

Tipp: Im Kühlschrank hält sich das Kompott eine Woche.

Pflaumen-Mandeltarte

Pflaumen und Mandeln ergänzen sich perfekt, und diese russische Tarte ist der beste Beweis. Servieren Sie sie mit frischer Vanillesauce.

Zutaten für 6 Personen

175 g Mehl
120 g gekühlte Butter
4 EL saure Sahne

Für den Belag

50 g weiche Butter
50 g Streuzucker (extra fein) und 2 EL zum Bestreuen
2 Eier, geschlagen
120 g gemahlene Mandeln
6 große Pflaumen, entsteint und geviertelt
120 g Pflaumenmus
4 EL Mandelblättchen

1 Mehl in eine Schüssel sieben. Butter gewürfelt dazugeben und mit den Fingern unter das Mehl kneten, bis die Mischung krümelig ist. Saure Sahne dazugeben, zu einem glatten Teig rühren. Teig in Klarsichtfolie wickeln und 1 Stunde kalt stellen.

2 Für den Belag Butter und Zucker schaumig rühren. Eier und gemahlene Mandeln dazugeben.

3 Backofen auf 220° / Umluft 200° / Gas Stufe 4 vorheizen. Teig auf einer bemehlten Arbeitsfläche zu einem Kreis von 30 cm Durchmesser ausrollen. Auf ein Backblech legen, öfters einstechen.

4 Mandelmischung auf dem Teig verteilen, dabei 4 cm Rand frei lassen. Pflaumen darauf legen. Mit 2 EL Zucker bestreuen. Den frei gelassenen Teigrand nach innen aufrollen.

5 Tarte 35–40 Minuten backen, bis sie braun wird. Pflaumenmus in einem kleinen Topf anwärmen und durch ein Sieb auf die Tarte streichen. Mandelblättchen auf die Tarte streuen.

Tipp: Statt Pflaumen schmecken auch Aprikosen. Sie können auch kleine Törtchen machen (Foto). Dann die Pflaumen kleiner schneiden. Ansonsten können Sie diesem Rezept folgen.

Mandelplätzchen

Diese Plätzchen heißen in Russland „Lepeschki" und werden mit saurer Sahne anstelle von Butter gemacht – typisch für die Vorliebe der Russen für „Saures".

Zutaten für 24 Stück

220 g Mehl
½ Päckchen Backpulver
1 Prise Salz
90 g Streuzucker (extra fein)
1 Ei, getrennt
120 ml saure Sahne
½ TL Vanillearoma und ½ TL Mandelaroma
1 EL Milch
50 g Mandelblättchen

1 Backofen auf 200° / Umluft 180° / Gas Stufe 3 vorheizen. Mehl, Backpulver, Salz und Zucker in eine Schüssel sieben, in der Mitte eine Mulde machen.

2 2 EL Eiweiß abnehmen, beiseite stellen. Den Rest mit Eigelb, saurer Sahne, Vanille-, Mandelaroma und Milch vermischen. In die Mulde zu den trockenen Zutaten gießen und alles zu einem glatten Teig verrühren.

3 Teig auf einer leicht bemehlten Arbeitsfläche etwa 8 mm dick ausrollen. Mit einem Ausstecher oder einem Glas Kreise von 7,5 cm Durchmesser ausstechen. Teigrest kneten, wieder ausrollen und Kreise ausstechen, bis der Teig aufgebraucht ist.

4 Kreise auf ein eingeöltes Backblech legen. Mit dem übrigen Eiweiß bestreichen und mit den Mandelblättchen bestreuen.

5 Plätzchen 10 Minuten leicht braun backen. Auf einem Kuchengitter abkühlen lassen. Plätzchen in einer luftdichten Dose aufheben.

Babka-Kuchen

Ostern ist ein wichtiges Fest in Polen, und ein typisches Menü besteht meist aus gebratenem Spanferkel, bemalten Eiern und zum Abschluss „Babka". Babka bedeutet Großmutter, und der Kuchen heißt so, weil er mit viel Liebe gemacht wird.

Zutaten für 8 Stücke

350 g Mehl
1/2 TL Salz
1 EL Streuzucker (extra fein)
1 TL Trockenhefe
8 EL weiche Butter
150 ml warme Milch
4 Eigelbe
120 g Sultaninen
fein abgeriebene Schale von 1 Orange
4 EL klarer Honig, angewärmt
Butter zum Servieren

1 Mehl, Salz und Zucker in eine große Schüssel sieben. Hefe untermischen, in der Mitte eine Mulde machen.

2 Butter, Milch, Eigelbe, Sultaninen und Orangenschale dazugeben. Alle Zutaten zu einem Teig vermischen. Auf einer leicht bemehlten Arbeitsfläche 10 Minuten kneten, bis er glatt und elastisch ist.

3 Teig in eine gefettete Kuchenform von 20 cm Durchmesser geben. Mit Klarsichtfolie zudecken und an einem warmen Ort 1 Stunde gehen lassen, bis sich das Volumen verdoppelt hat.

4 Backofen auf 180° / Umluft 160° / Gas Stufe 2 vorheizen. Kuchen 50 Minuten backen, bis er fest ist und an einem Holzstäbchen beim Hineinstechen kein Teig mehr klebt.

5 Kuchen in der Form 5 Minuten abkühlen. Auf ein Kuchengitter stürzen und mit angewärmtem Honig bestreichen. Abgekühlt in dicke Stücke schneiden und mit Butter servieren.

Weihnachtsplätzchen

Diese Plätzchen schmecken nicht nur gut, sie dienen auch als Dekoration: In der Ukraine werden sie mit bunten Bändern an den Weihnachtsbaum gehängt.

Zutaten für 30 Plätzchen

4 EL Butter
1 TL Honig
50 g brauner Zucker
220 g Mehl
2 TL Zimt
1 TL Ingwerpulver
1/4 TL Muskatnuss
1/2 TL Natron
3 EL Milch
1 Eigelb
2 EL bunter Kristallzucker

1 Backofen auf 180° / Umluft 160° / Gas Stufe 2 vorheizen. Zwei Backbleche mit Backpapier auslegen. Butter, Honig und Zucker in einem Topf schmelzen. 5 Minuten abkühlen lassen.

2 Mehl, Zimt, Ingwer, Muskatnuss und Natron in einer Schüssel mischen. In die Mitte eine Mulde machen. Buttermischung, Milch und Eigelb dazugeben, alles zu einem Teig rühren.

3 Teig noch warm glatt kneten, dann zwischen zwei Lagen Backpapier 5 mm dünn ausrollen. Mit einem sternförmigen Ausstecher Plätzchen ausstechen, bis der Teig aufgebraucht ist.

4 Plätzchen auf die Backbleche legen. Wer sie aufhängen möchte, bohrt ein kleines Loch hinein. Mit buntem Kristallzucker bestreuen und 10 Minuten backen. Kurz auf dem Blech abkühlen lassen, dann auf einem Kuchengitter ganz abkühlen.

Tipp: Der Teig lässt sich am besten kneten, wenn er warm ist. Abgekühlt wird er brüchig.

Sauerteigbrot mit Kümmel

Dieses Sauerteigbrot aus Russland wird durch Verwendung von Trockenhefe besonders locker. Sie können auch fertigen Sauerteig als Basis im Reformhaus kaufen.

Zutaten für 2 Laibe Brot

450 g Roggenmehl und Roggenmehl zum Bestäuben
450 g Weizenmehl
1 EL Salz
7 g Trockenhefe (Tütchen)
2 EL weiche Butter
600 ml lauwarmes Wasser
1 EL Kümmel

Für den Sauerteig

4 EL Roggenmehl
3 EL warme Milch

1 Für den Sauerteig Roggenmehl und Milch in einer Schüssel vermischen. Teig mit Klarsichtfolie abgedeckt an einem warmen Ort 1-2 Tage stehen lassen.

2 Für die Brote Mehl und Salz in eine große Schüssel sieben. Trockenhefe unterrühren. Eine Mulde in die Mitte machen, Butter, Wasser und Sauerteig in die Mulde geben. Mit einem Holzlöffel verrühren.

3 Teig auf einer bemehlten Arbeitsfläche 10 Minuten glatt kneten. In einer Schüssel zugedeckt an einem warmen Ort 1 Stunde gehen lassen, bis sich sein Volumen verdoppelt hat.

4 Teig kurz kneten, dann halbieren. Jede Hälfte zu einem Laib von 15 cm Durchmesser formen. Auf 2 geölte Backbleche legen, mit eingeölter Klarsichtfolie zudecken. 30 Minuten gehen lassen.

5 Backofen auf 200° / Umluft 180° / Gas Stufe 3 vorheizen. Brotlaibe mit Wasser einpinseln, Kümmel darauf streuen. Mit Roggenmehl bestäuben.

6 Brote 35-40 Minuten backen, bis sie braun sind und hohl klingen, wenn man auf die Unterseite klopft.

Tipp: Sauerteigbrot hält sich etwa 1 Woche frisch. Wickeln Sie es in beschichtetes Papier ein.

Mohnrolle

Dieser süße Hefekuchen mit seiner Füllung aus Trockenfrüchten und Mohnsamen gehört zu den Lieblingskuchen in Polen. Durch die Früchte und den Mohn ist der Kuchen besonders saftig.

Zutaten für 12 Stücke

450 g Mehl
1 Prise Salz
2 EL Streuzucker (extra fein)
2 TL Trockenhefe, 175 ml Milch
fein abgeriebene Schale von 1 Zitrone
4 EL Butter

Für Füllung und Glasur

4 EL Butter
120 g gemahlenen Mohn
50 ml fester Honig, 65 g Rosinen
65 g fein gehacktes Orangeat
50 g gemahlene Mandeln
1 Eigelb
50 g Streuzucker (extra fein)
1 EL Milch
4 EL Aprikosenmarmelade
1 EL Zitronensaft, 1 EL Rum
25 g geröstete Mandelblättchen

1 Mehl, Salz und Zucker in eine Schüssel sieben. Hefe unterrühren. In das Mehl eine Mulde drücken.

2 Milch, die Hälfte der Zitronenschale und Butter erhitzen, bis die Butter schmilzt. Kurz abkühlen lassen. Mit den trockenen Zutaten zu einem Teig mischen.

3 Teig auf einer leicht bemehlten Fläche 10 Minuten glatt und elastisch kneten. In eine Schüssel geben, zudecken und an einem warmen Ort 50 Minuten gehen lassen, bis er sein Volumen verdoppelt hat.

4 Butter schmelzen. Mohn bis auf 1 EL in den Topf geben. Honig, Rosinen, Orangeat und Zitronenschale dazugeben und bei schwacher Hitze 5 Minuten mitköcheln. Gemahlene Mandeln unterrühren. Abkühlen lassen.

5 Eigelb und Zucker in einer Schüssel schaumig schlagen, dann zur Mohnmischung geben. Teig auf einer leicht bemehlten Fläche zu einem Rechteck von 30 x 35 cm ausrollen. Füllung darauf verteilen, dabei am Rand 2 cm frei lassen.

6 Teig von beiden Seiten zur Mitte hin aufrollen und auf ein gefettetes Backblech legen. 30 Minuten gehen lassen. Backofen auf 180° / Umluft 160° / Gas Stufe 2 vorheizen. Mit Milch bestreichen und mit 1 EL Mohn bestreuen. 30 Minuten backen.

7 Marmelade und Zitronensaft erhitzen und Rum unterrühren. Mischung auf der warmen Rolle verstreichen, Mandeln darauf verteilen.

Dobos-Torte

Diese bekannte Torte wurde um 1880 von einem ungarischen Koch namens Jozep Dobos erfunden. Sie wurde schon bald - in einer eigens kreierten Verpackung - in die ganze Welt exportiert. 1906 widmeten die Dobos-Konditoren das Rezept der Konditoren- und Honigbrotbäcker-Gilde in Budapest.

Zutaten für 10–12 Stücke

6 Eier, getrennt
150 g gesiebter Puderzucker
1 TL Vanillezucker
130 g gesiebtes Mehl

Für die Creme

75 g Bitterschokolade, klein gehackt
175 g Butter
130 g Puderzucker
2 EL Vanillezucker
1 Ei

Für den Karamell

150 g Zucker
2-3 EL Wasser
1/2 EL geschmolzene Butter

1 Backofen auf 220° / Umluft 200° / Gas Stufe 4 vorheizen. Eigelbe mit 75 g Puderzucker in einer Schüssel schlagen, bis sie schaumig sind.

2 Eiweiße in einer Schüssel zu Eischnee schlagen. Den übrigen Puderzucker untermischen, dann den Vanillezucker unterheben.

3 Eischnee löffelweise abwechselnd mit dem Mehl unter die Eigelbmischung heben.

4 Vier Backbleche mit Backpapier auslegen. Auf jedes Papier einen Kreis von 23 cm Durchmesser zeichnen. Papier leicht einfetten und mit Mehl bestäuben.

5 Teig gleichmäßig auf den Papierkreisen verteilen. 10 Minuten backen, abkühlen lassen. Teigkreise aufeinander legen.

6 Für die Füllung Schokolade in eine kleine Schüssel geben und über einem Wasserbad bei schwacher Hitze schmelzen. Glatt rühren.

7 Butter und Puderzucker vermischen. Schokolade unterrühren. Dann Vanillezucker und das Ei dazugeben.

8 Die Teigkreise mit der Schokoladencreme bestreichen und aufeinander legen. Übrige Creme auf den obersten Teig und die Ränder des Kuchens verstreichen.

9 Für den Karamell Zucker und Wasser in einen schweren Topf geben. Bei schwacher Hitze Zucker langsam schmelzen. Butter dazugeben.

10 Die Mischung kochen, bis sie goldbraun ist. Karamell schnell auf ein eingefettetes Backblech gießen und fest werden lassen. Abgekühlten Karamell in Stücke brechen und diese auf der Torte verteilen.

Käsekuchen mit Kompott

Die Kombination des cremigen Käsekuchens mit den Früchten schmeckt einfach unwiderstehlich. Das Rezept für das Kompott stammt angeblich von einer deutschen Gouvernante, die es bei ihrer russischen Familie eingeführt hat. Noch heute ist das Rezept bei russischen Kindern beliebt.

Zutaten für 8–10 Personen

220 g Mehl
120 g Butter
1 EL Streuzucker (extra fein)
fein abgeriebene Schale von ½ Zitrone
1 Ei, geschlagen
Minze zum Dekorieren

Für die Füllung

675 g Quark
4 Eier, getrennt
150 g Streuzucker (extra fein)
3 EL Speisestärke
150 ml saure Sahne
fein abgeriebene Schale von ½ Zitrone
1 TL Vanillearoma

Für das Kompott

450 g geputzte rote Früchte, z. B. Erdbeeren, Himbeeren, rote Johannisbeeren und Kirschen
50 g Streuzucker (extra fein)
120 ml Wasser
1 TL Pfeilwurzmehl (Reformhaus)

1 Für den Teig Mehl in eine Schüssel sieben. Butter dazugeben und mit den Fingern unter das Mehl kneten, bis eine krümelige Mischung entsteht. Zucker und Zitronenschale dazugeben, dann das geschlagene Ei unterrühren. Teig in Klarsichtfolie einpacken und mindestens 15 Minuten kalt stellen.

2 Teig auf einer leicht bemehlten Fläche ausrollen. Eine Quicheform von 25 cm Durchmesser mit dem Teig auslegen. 1 Stunde kalt stellen.

3 Quark in ein feines Sieb über eine Schüssel geben und 1 Stunde abtropfen lassen.

4 Backofen auf 200° / Umluft 180° / Gas Stufe 3 vorheizen. Teig mit einer Gabel mehrmals einstechen. Mit zerknüllter Alufolie belegen und 5 Minuten backen. Folie entfernen und Teig nochmals 5 Minuten backen. Aus dem Ofen nehmen, Temperatur auf 180° / Umluft 160° / Gas Stufe 2 herunterschalten.

5 Abgetropften Quark in einer Schüssel mit den Eigelben und dem Zucker vermischen. Stärke in einer Schüssel mit etwas saurer Sahne anrühren, dann mit der übrigen sauren Sahne, der Zitronenschale und dem Vanillearoma zum Quark geben. Alles gut verrühren.

6 Eiweiße zu Eischnee schlagen. Vorsichtig in drei Portionen unter die Quarkmischung heben. Die fertige Füllung auf den Teig geben und 1-1¼ Stunden backen, bis der Kuchen goldbraun ist. Ofen ausschalten, Kuchen bei halb geöffneter Ofentür abkühlen lassen. Dann 2 Stunden kalt stellen.

7 Für das Kompott geputzte Früchte, Zucker und Wasser in einem Topf bei schwacher Hitze köcheln, bis der Zucker geschmolzen ist. Früchte mit einem Schaumlöffel herausnehmen und beiseite stellen.

8 Pfeilwurzmehl mit etwas kaltem Wasser anrühren, zum Fruchtsaft in den Topf gießen und unter Rühren aufkochen. Früchte wieder dazugeben. Kompott abkühlen lassen, mit dem kalten Käsekuchen und etwas Minze garniert servieren.

Pfannkuchentorte

Ursprünglich gehörten Pfannkuchen in Ungarn zu den wirklich einfachen Alltagsgerichten. Der Teig bestand nur aus Maismehl und Wasser und wurde über einem offenen Feuer gebacken. Da nicht viele Familien einen Backofen hatten, wurde der Pfannkuchen verändert und verfeinert, mal süß und mal pikant variiert.

Zutaten für 6 Personen

5 Eier, getrennt
50 g Streuzucker (extra fein)
175 ml Milch
50 g Mehl
1 Messerspitze Backpulver
4 EL geschmolzene Butter
175 ml saure Sahne
gesiebter Puderzucker zum Bestreuen
Zitronenschnitze zum Servieren

Für die Füllung

3 Eier, getrennt
25 g gesiebter Puderzucker
abgeriebene Schale von 1 Zitrone
1/2 TL Vanillezucker
120 g geriebene Mandeln

1 Backofen auf 200° / Umluft 180° / Gas Stufe 3 vorheizen. Eine Springform von etwa 20 cm Durchmesser einfetten und mit Backpapier auslegen. Eigelbe und Zucker zusammen schaumig rühren. Dann Milch unterrühren.

2 Eiweiße zu Eischnee schlagen. Mehl mit Backpulver mischen. Eischnee abwechselnd mit dem Mehl unter die Eimischung heben. 2 EL geschmolzene Butter ebenfalls unterrühren.

3 Eine Bratpfanne, die etwa so groß sein sollte wie die Backform, die Sie verwenden, mit etwas geschmolzener Butter einfetten. Form schwenken, damit die Butter sich verteilt.

4 Ein Viertel des Teiges in die Pfanne geben. Den relativ dicken Pfannkuchen auf beiden Seiten backen, bis er goldbraun ist. Dann von der Pfanne direkt in die Kuchenform geben. Noch drei Pfannkuchen backen und beiseite stellen.

5 Für die Füllung Eigelbe in einer Schüssel mit dem Puderzucker schaumig rühren. Geriebene Zitronenschale und Vanillezucker unterrühren.

6 Eiweiße in einer sauberen Schüssel zu Eischnee schlagen. Eischnee zu den Eigelben rühren, dann die gemahlenen Mandeln untermischen. Alles gut verrühren.

7 Ein Drittel Füllung auf den ersten Pfannkuchen in der Form geben.

8 Zweiten Pfannkuchen darauf legen, mit Füllung bestreichen. Ebenso den dritten Pfannkuchen. Den letzten Pfannkuchen obendrauf legen.

9 Saure Sahne auf dem vierten Pfannkuchen verteilen. Den Kuchen 20–25 Minuten backen.

10 Kuchen in der Form 10 Minuten abkühlen lassen, Backpapier entfernen. Kuchen in Stücke schneiden. Warm mit Puderzucker und Zitronenschnitzen servieren.

Fruchtkompott

Dieses Rezept aus der Tschechischen Republik ist ideal, wenn Sie kleine Mengen verschiedener Früchte haben. Es schmeckt am besten gekühlt.

Zutaten für 6 Personen

120-170 g Zucker (je nach Süße des Obstes)
250 ml kaltes Wasser
Saft und etwas Schale von 1/2 Zitrone
1 Zimstange
900 g geputztes Obst (z. B. Äpfel, Birnen, Pflaumen, Pfirsiche, Aprikosen oder verschiedene Beeren)
2 EL Pfeilwurzmehl (Reformhaus)
Zucker und Sahne zum Servieren

1 Zucker und Wasser in einem großen Topf aufkochen. Zitronensaft und -schale und Zimtstange dazugeben. 1 Minute köcheln lassen.

2 Geputzte Früchte dazugeben und nur 2-3 Minuten mitkochen. Die Früchte und die Zimtstange mit einem Schaumlöffel entfernen.

3 Pfeilwurzmehl mit etwas kaltem Wasser anrühren, dann zu dem Obstsaft in den Topf rühren. Aufkochen lassen. Früchte und Zimtstange wieder in den Topf geben. Kompott abkühlen lassen. Die Zimtstange entfernen.

4 Kompott nach Belieben mit Zucker bestreuen und mit Schlagsahne servieren.

Süße Quarkklößchen

Die berühmtesten Quarkklößchen stammen aus der Tschechischen Republik - so auch dieses Rezept. Sie haben sich aber in allerlei Varianten auch in den Nachbarländern - vor allem in Österreich - durchgesetzt.

Zutaten für 4–6 Personen

3 EL Butter
3 Eier, getrennt
450 g Quark
50 g Grieß
1 EL Crème double
1-2 EL Mehl
gesiebter Puderzucker und Minze zum Garnieren

1 Butter schaumig rühren, Eigelbe nacheinander dazugeben. Quark, Grieß und Crème double untermischen. Zugedeckt 45 Minuten ruhen lassen.

2 Eiweiße in einer Schüssel zu Eischnee schlagen. Abwechselnd mit dem Mehl unter die Quarkmischung heben.

3 In einem großen Topf reichlich Salzwasser aufkochen. Die Quarkmischung mit feuchten Händen zu pflaumengroßen Klößchen formen.

4 Klößchen in das Wasser gleiten und 6-7 Minuten ziehen lassen. Vorsichtig mit einem Schaumlöffel herausnehmen und abtropfen lassen. Mit Puderzucker bestreuen und mit Minze garnieren. Warm servieren.

Walnuss-Kaffee-Schnitten

Dieser Kuchen aus Rumänien hat einen nussig-üppigen Boden und einen cremig-leichten Belag. Er schmeckt als Dessert mit einem Gläschen Kirschlikör.

Zutaten für 8–12 Personen

4 Blätter Filoteig (Fertigprodukt)
50 g geschmolzene Butter
4 Eier, getrennt
175 g Streuzucker (extra fein)
90 g Walnüsse, fein gemahlen
Walnussstücke und gesiebter Puderzucker zum Garnieren

Für den Belag

200 Butter (Zimmertemperatur)
1 Eigelb
150 g Streuzucker (extra fein)
3 EL kalter starker Kaffee

1 Backofen auf 180° / Umluft 160° / Gas Stufe 3 vorheizen. Eine quadratische Backform von 20 cm Seitenlänge einfetten und mit Backpapier auslegen. Filoteig mit der Butter bespinseln und so falten, dass er in die Form passt.

2 Eigelbe und Zucker in einer Schüssel sehr schaumig schlagen.

3 Eiweiße zu Eischnee schlagen. Gemahlene Nüsse unterheben.

4 Mischung unter die Eigelbe heben und alles in die Backform füllen. Kuchen 25–30 Minuten backen, bis die Füllung fest wird. Abkühlen lassen.

5 Inzwischen für den Belag alle Zutaten gut verrühren. Mit einem breiten Messer auf dem Kuchen verteilen. Walnussstücke darüber streuen. Kuchen am besten über Nacht kalt stellen. Mit Puderzucker bestreuen und in Schnitten oder Dreiecke schneiden.

Varazdin-Torte

Schokoladentorte mit Cremefüllung ist ein Lieblingsrezept auf der ganzen Welt. In diesem Rezept aus Serbien wird die Torte mit Kastaniencreme gefüllt.

Zutaten für 8–12 Stücke

220 g Butter (Zimmertemperatur)
220 g Streuzucker (extra fein)
200 g geschmolzene Bitterschokolade
6 Eier, getrennt
130 g Mehl, gesiebt
Schokoladenspäne zum Garnieren

Für die Füllung

250 ml Crème double, leicht geschlagen
450 g Kastanienpüree (Dose)
120 g Streuzucker (extra fein)

Für den Belag

150 g Butter
150 g Puderzucker, gesiebt
120 g geschmolzene Bitterschokolade

1 Backofen auf 180° / Umluft 160° / Gas Stufe 2 vorheizen. Eine Springform von 20–23 cm Durchmesser einfetten, den Boden mit Backpapier auslegen. Butter und Zucker schaumig rühren. Geschmolzene Schokolade und Eigelbe unterrühren. Mehl unterheben.

2 Eiweiße zu Eischnee schlagen. Einen Löffel Eischnee zum Auflockern unter die Schokoladenmischung heben. Dann den übrigen Eischnee unterheben. Teig in die vorbereitete Form geben.

3 Tortenboden 45 Minuten backen. Das Backpapier abziehen und den Tortenboden mit einem großen Messer quer halbieren.

4 Während der Teig backt, Zutaten für die Füllung vermischen. Füllung auf einem Tortenboden verteilen, den zweiten Tortenboden darauf legen.

5 In einer Schüssel Butter und Zucker für den Belag gut verrühren, dann geschmolzene Schokolade unterrühren. Belag mit einem feuchten Messer rundherum auf die Torte streichen. 1 Stunde kalt stellen, mit Schokoladenspänen garnieren und servieren.

Baklava

Dieses berühmte Rezept stammt ursprünglich aus der Türkei. Es wurde von vielen Ländern Südosteuropas übernommen und manchmal auch variiert. Ein richtig süßes Dessert, das mit schwarzem Kaffee schmeckt.

Zutaten für 24 Stücke

175 g geschmolzene Butter
400 g Filoteig (Fertigprodukt)
2 EL Zitronensaft
4 EL klarer Honig
50 g Streuzucker (extra fein)
fein abgeriebene Schale von 1 Zitrone
2 TL Zimtpulver
200 g blanchierte Mandeln, gehackt
75 g Pistazien oder Walnüsse, gehackt
gehackte Pistazien zum Garnieren

Für den Sirup

350 g Streuzucker (extra fein)
120 g klarer Honig
600 ml Wasser
2 Streifen dünn abgeschälte Zitronenschale

1 Backofen auf 160° / Umluft 140° / Gas Stufe 1 vorheizen. Eine rechteckige, 20 x 30 cm große Backform mit etwas geschmolzener Butter einfetten.

2 Mit der Form als Schablone den Filoteig mit einem scharfen Messer auf die Größe der Form zuschneiden.

3 Ein Teigblatt in die Form geben und mit Butter bestreichen. Mit der Hälfte der Teigblätter genauso verfahren. Übrige Teigblätter mit einem sauberen Küchentuch zugedeckt beiseite stellen.

4 Für die Füllung Zitronensaft, Honig und Zucker in einem Topf langsam erhitzen, bis der Zucker sich auflöst. Zitronenschale, Zimt und gehackte Nüsse dazugeben, gut vermischen.

5 Die Hälfte der Füllung auf die Teigblätter geben. Drei Teigblätter darauf legen. Mit Butter bestreichen. Darauf den Rest der Füllung geben.

6 Die übrigen Teigblätter mit Butter bestreichen und in die Form legen. Oberstes Teigblatt sehr großzügig mit Butter bestreichen.

7 Baklava mit einem scharfen Messer in 12 Stücke schneiden. 1 Stunde knusprig goldbraun backen.

8 Während der Backzeit für den Sirup Zucker, Honig, Wasser und Zitronenschale in einen Topf geben. Bei schwacher Hitze unter Rühren Zucker und Honig schmelzen. Die Mischung dann aufkochen lassen und 10 Minuten kochen, bis sie etwas eingedickt ist.

9 Sirup abkühlen lassen. Baklava aus dem Ofen nehmen. Den Sirup ohne Zitronenschale über das Baklava gießen. Mindestens 6 Stunden stehen lassen, am besten über Nacht. In die vorgeschnittenen Stücke schneiden und mit gehackten Pistazien garniert servieren.

Korinthen-Apfel-Mousse

Dieses Rezept stammt aus Rumänien. Bitte verwenden Sie nur ganz frische Eier, am besten von frei laufenden Hühnern.

Zuaten für 4–6 Personen

175 g Korinthen
175 ml Rotwein und Rotwein zum Auffüllen
4 knackige Äpfel, entkernt, geschält und in Scheiben geschnitten
250 ml Wasser
220 g Streuzucker (extra fein)
2 EL Stärke
einige Tropfen rote Lebensmittelfarbe
3 Eigelbe
1 TL Vanillearoma
1/4 TL Zimtpulver
2 Eiweiße
Früchte, Streuzucker und Minze zum Garnieren

1 Korinthen im Rotwein 1 1/2 Stunden einweichen. Abgießen und beiseite stellen. Wein durch ein feines Sieb gießen, etwas Wein dazugießen, so dass es 175 ml sind.

2 Während der Einweichzeit Äpfel in einem Topf mit dem Wasser und 150 g Zucker weich kochen. Abkühlen lassen.

3 Äpfel im Mixer fein zerkleinern und wieder in den Topf geben.

4 Stärke und Rotwein vermischen, dann zum Apfelmus in den Topf geben. Unter ständigem Rühren 8–10 Minuten kochen. Nach Belieben etwas Lebensmittelfarbe dazugeben.

5 Eigelbe in einer Schüssel mit dem übrigen Zucker und dem Vanillearoma cremig rühren.

6 Apfelmischung nach und nach zu der Eigelbcreme mischen. Zimt dazugeben und alles glatt rühren.

7 Creme kalt stellen, bis sie eindickt. 1 TL Eiweiß beiseite stellen, den Rest zu Eischnee rühren. Korinthen und Eischnee unter die Apfelmischung rühren und kalt stellen.

8 Für die Garnierung Früchte mit übrigem Eiweiß bestreichen und in Zucker tauchen. Trocknen lassen, dann mit der Minze zum Garnieren verwenden.

Zitronenkuchen

Dieser erfrischende Kuchen aus Rumänien geht einfach. Hauptzutaten sind Jogurt, Zitrone, Zimt.

Zutaten für 16 Stücke

50 g weiche Butter
120 g Streuzucker (extra fein)
2 große Eier, getrennt
120 g griechischer Jogurt
abgeriebene Schale von 2 Zitronen
Saft von 1/2 Zitrone
150 g Mehl
1 TL Backpulver
abgeriebene Zitronenschale zum Garnieren

Für den Sirup

Saft von 1/2 Zitrone
4 EL Honig
3 EL Wasser
1 kleine Zimtstange

1 Backofen auf 180° / Umluft 160° / Gas Stufe 2 vorheizen. Eine quadratische Kuchenform von 18 cm Seitenlänge einfetten. Butter und Zucker in einer Schüssel schaumig rühren.

2 Eigelbe, Jogurt, Zitronenschale und -saft nach und nach dazugeben. Alle Zutaten glatt rühren. Eiweiße in einer anderen Schüssel zu steifem Eischnee schlagen.

3 Mehl und Backpulver mischen, sieben und unter die Jogurtmischung rühren. Eischnee unterheben.

4 Teigmischung in die Backform geben. 25 Minuten backen. Auf eine Kuchenplatte stürzen und Backpapier abziehen.

5 Inzwischen für den Sirup Zitronensaft, Honig, Wasser und Zimtstange in einen kleinen Topf geben. Unter Rühren aufkochen lassen, bis die Mischung zu Sirup wird.

6 Topf von der Herdplatte nehmen. Zimtstange entfernen. Warmen Sirup über den Kuchen gießen. Mit der Zitronenschale bestreuen. Nach dem Abkühlen in 16 Stücke schneiden.

Info: Rumänischer Honig ist sehr aromatisch, da die Bienen sich von Wildblumen in Obstgärten ernähren.

Zitronen-Ricotta-Schnitten

Dieser köstliche Kuchen aus Slowenien besteht aus Biskuitteig und einer Ricottafüllung mit einem Hauch von Zitrone.

Zutaten für 16 Stücke

3 große Eier, getrennt
175 g Streuzucker (extra fein)
3 EL heißes Wasser
185 g Mehl, gesiebt
½ TL Backpulver
gesiebter Puderzucker zum Bestreuen
lange Streifen dünn geschälte Zitronenschale zum Garnieren
frisches Obst zum Servieren

Für die Füllung

500 g Ricotta
100 ml Crème double, leicht geschlagen
2 EL Streuzucker (extra fein)
2 TL Zitronensaft

1 Backofen auf 180° / Umluft 160° / Gas Stufe 2 vorheizen. Eine 20 x 30 cm große, rechteckige Backform einfetten. Eigelbe und Zucker zu festem Schaum schlagen.

2 Heißes Wasser abwechselnd mit Mehl und Backpulver unter die Mischung rühren. Eiweiße steif schlagen und ebenfalls unterheben.

3 Biskuitteig in die Form geben, gut auch in den Ecken verteilen. 15-20 Minuten backen, bis der Teig goldbraun ist. Stürzen, auf einem Kuchengitter abkühlen lassen. Längs halbieren.

4 Für die Füllung Ricotta in einer Schüssel schlagen, Crème double, Zucker und Zitronensaft dazugeben. Alles gut verrühren. Füllung auf eine Biskuitplatte streichen. Die zweite Teigplatte darauf legen. Etwas andrücken.

5 Kuchen 3-4 Stunden kalt stellen. Vor dem Servieren mit Puderzucker bestreuen und mit Zitronenschale garnieren. In 16 Stücke schneiden und mit frischem Obst servieren.

Tipp: Die Ricotta-Schnitten am besten mit weichen Früchten der Saison servieren.

Überbackene Pfirsiche

In Bulgarien wachsen zahlreiche Pfirsichbäume, und aus den frischen Früchten werden im Sommer köstliche Desserts gemacht. Übriges Obst wird getrocknet, zu Wein und Schnaps verarbeitet oder für den Winter eingelegt.

Zutaten für 6 Personen

3 EL Butter
6 feste reife Pfirsiche, gewaschen
12 Nelken
90 g Vanillezucker
3 EL Brandy oder trockener Weißwein (nach Belieben)
Pistazien, Minze und Puderzucker zum Garnieren
Schlagsahne zum Servieren

1 Backofen auf 180° / Umluft 160° / Gas Stufe 2 vorheizen. Die Hälfte der Butter in einer ofenfesten Form verteilen, dabei auch die Ränder gut fetten.

2 Pfirsiche halbieren und Steine entfernen. Pfirsiche mit der runden Seite nach unten in die Form setzen. In jede Pfirsichhälfte eine Nelke stecken.

3 Zucker darüber streuen und die übrige Butter auf die Pfirsichhälften verteilen. Brandy oder Wein darüber tröpfeln. 30 Minuten backen, bis die Pfirsiche weich sind.

4 Pfirsiche warm oder abgekühlt mit Pistazien, Minze und Puderzucker garnieren und mit Schlagsahne servieren.

Halwa

„Halwa“ ist auf der gesamten Balkanhalbinsel in vielen verschiedenen Variationen verbreitet. Manche machen es mit Weizen- oder Maismehl, andere mit Grieß- oder Reismehl. Immer kommen Butter, Milch, Wasser und Zucker dazu. Dieses Rezept ist ideal für weniger geübte Köchinnen und Köche.

Zutaten für 6–8 Personen

275 g fein gemahlenes Grießmehl
4 EL Butter
50 g Streuzucker (extra fein)
750 ml sehr heiße Milch
abgeriebene Schale von 1 Zitrone
90 g Walnüsse, gehackt
gehackte Walnüsse und halbierte Pistazien zum Garnieren
Zimtpulver zum Bestreuen

1 Grießmehl in einem schweren Topf bei sehr schwacher Hitze ohne Fett rösten, dabei ständig rühren. Wenn das Grießmehl goldfarben ist, Topf von der Herdplatte ziehen. Butter und Zucker unterrühren, bis sie geschmolzen ist.

2 Topf wieder auf die Herdplatte stellen. Bei schwacher Hitze nach und nach unter ständigem Rühren

die Milch dazugeben. und 5 Minuten köcheln lassen, dann Zitronenschale und Walnüsse einrühren.

3 5 Minuten unter Rühren köcheln. Zugedeckt 2-3 Minuten ruhen lassen.

4 Halwa mit einer Gabel auflockern. Warm auf Schälchen verteilen, mit Nüssen, Pistazien und Zimt garnieren.

Krapfen

Diese köstlichen Krapfen aus Hefeteig sind ein gutes Beispiel für die Leidenschaft der Osteuropäer für Klöße und Knödel. Köstliche selbst gemachte Marmelade wird als Füllung verwendet, dabei ist Kirsch-, Pflaumen- oder Aprikosenmarmelade am beliebtesten. Krapfen am besten ganz frisch essen.

Zutaten für 10–12 Stück

220 g Mehl
1/2 TL Salz
7 g Trockenhefe (Tütchen)
1 Ei, geschlagen
4-6 EL Milch
1 EL Zucker
4–5 EL Kirschmarmelade
Öl zum Frittieren
50 g Streuzucker (extra fein)
1/2 TL Zimtpulver

1 Mehl und Salz in eine Schüssel sieben, Hefe unterrühren. In die Mitte eine Mulde machen und Ei, Milch und Zucker hineingeben.

2 Alle Zutaten zu einem weichen und glatten Teig verrühren. Eventuell noch etwas Milch dazugeben. Der Teig darf nicht klebrig sein.

3 Teig mit Klarsichtfolie abdecken und 1-1 1/2 Stunden an einen warmen Ort stellen, bis sich sein Volumen etwa verdoppelt hat.

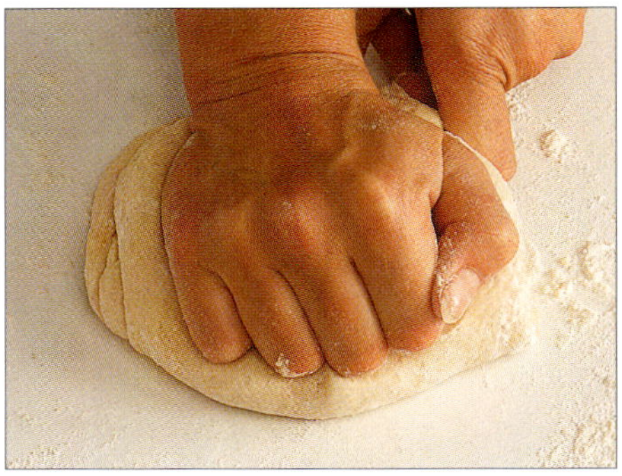

4 Teig auf einer leicht bemehlten Arbeitsfläche kneten. In 10-12 Portionen teilen.

5 Jedes Teigstück rund formen und 1 TL Marmelade in die Mitte geben.

6 Teigränder mit Wasser befeuchten und über der Füllung gut zusammendrücken, damit die Füllung später nicht herauskommt. Krapfen auf ein gefettetes Backblech legen und nochmals 15 Minuten gehen lassen.

7 Öl in einem großen Topf auf 180° erhitzen. Wenn ein Brotwürfel in 60 Sekunden goldbraun ist, ist das Öl heiß genug. Krapfen portionsweise 5-10 Minuten goldbraun frittieren. Auf Küchenpapier entfetten.

8 Streuzucker und Zimt auf einem Teller vermischen. Krapfen großzügig damit bestreuen bzw. Krapfen in der Mischung wälzen.

Paradiesvogelbrot

Dieses pikante Brot aus Bulgarien erhielt seinen Namen von der auffälligen Garnierung.

Zutaten für 10–12 Personen

1 EL Trockenhefe
4 EL lauwarmes Wasser
350 g Mehl
1½ TL Salz
6 EL Naturjogurt
5 Eier, geschlagen
75 g Schafskäse, fein gehackt
1 EL Milch

Für die Garnierung

120 g Kaschkaval- oder Bergkäse, in vier Dreiecke geschnitten
eine dicke Scheibe Schinken, in 4 x 2,5 cm große Stücke geschnitten
4 schwarze Oliven
ein etwa 2,5 cm großer Stern aus roter Paprikaschote

1 Trockenhefe auf das Wasser in einer Schüssel streuen. 2-3 Minuten stehen lassen, verrühren, dann 5-10 Minuten ruhen lassen.

2 Mehl und Salz in eine Schüssel sieben. In die Mitte eine Mulde drücken. Hefemischung, Jogurt, 4 Eier und Schafskäse hineingeben und zu einem Teig vermischen. Auf einer leicht bemehlten Arbeitsfläche 10 Minuten kneten.

3 Teig zu einer gleichmäßigen Kugel formen. Mit Klarsichtfolie zugedeckt etwa 2 Stunden an einem warmen Ort gehen lassen.

4 Auf einer leicht bemehlten Arbeitsfläche Teig nochmals kneten. Dann zu einem Kreis formen, so dass er in eine gefettete Springform von 20 cm Durchmesser passt. In einer Schüssel 1 Ei mit Milch mischen und auf den Teig streichen.

5 Für die Garnierung Käsedreiecke so auf das Brot legen, dass sie ein Viereck bilden. Schinken und Oliven ebenfalls auf dem Brot verteilen. In die Mitte kommt der Stern aus roter Paprikaschote. Brot nochmals 30-45 Minuten gehen lassen. Backofen auf 200° / Umluft 180° / Gas Stufe 3 vorheizen. Brot 15 Minuten backen.

6 Temperatur auf 180° / Umluft 160° / Gas Stufe 2 reduzieren. Brot 30-40 Minuten backen, bis es goldbraun ist. Abkühlen lassen und servieren.

Mamaliga-Brot

„Mamaliga" - Maismehl oder Maisgrieß - gehört zu den Grundnahrungsmitteln in einigen Balkanländern. Dieses Brot aus Rumänien schmeckt mit oder ohne Käse.

Zutaten für 1 Laib Brot oder 9 Brötchen

75 g Mehl
1 1/2 gehäufter TL Backpulver
75 g Maismehl
1/2 TL Salz
1 Ei
150 ml Milch
2-3 EL Bergkäse, gerieben (nach Belieben)

1 Backofen auf 200° / Umluft 180° / Gas Stufe 3 vorheizen. Mehl, Backpulver, Maismehl und Salz in einer großen Schüssel verrühren, in die Mitte eine Mulde drücken.

2 Ei, Milch und geriebenen Käse (nach Belieben) dazugeben. Alle Zutaten mit einem Holzlöffel gut vermischen.

3 Mischung in eine runde Kuchenform von 15 cm Durchmesser geben oder auf 9 Mulden einer Muffinform verteilen.

4 Brot 20-25 Minuten backen, bis es aufgegangen ist, sich fest anfühlt und goldbraun ist. Kurz auf einem Kuchengitter abkühlen lassen. In dicke Scheiben schneiden und noch warm servieren.

Register

K

L

M

N / O

P

Q / R

S

T / U / V

W / Z